KB003833

심리학, 미루는 습관을 바꾸다

END PROCRASTINATION NOW!

: Get It Done with a Proven Psychological Approach

by Ed. D., William Knaus

This Korean edition was published by Galmaenamu Publishing Co. in 2013

by arrangement with The McGraw-Hill Trade Group through

KCC(Korea Copyright Center Inc.), Seoul.

이 책은 (주)한국저작권센터(KCC)를 통한 저작권자와의 독점계약으로

갈매나무에서 출간되었습니다.

자꾸만 미루는 습관을 이기는 심리 훈련

END PROCRASTINATION NOW!

심리학, 미루는 습관을 바꾸다

윌리엄 너스 지음 | 이상원 옮김

갈매나무

| 추천의 글 |

"언제든 할 수 있는 일은 결국 하지 못하게 된다."

누구나 할 일을 미룬다. 나만 해도 이 글을 최종 마감일 전날 밤인 지금에야 쓰고 있다. 진작 이 책을 읽었더라면 저자인 윌리엄 너스의 방법을 사용해 마감일 훨씬 전에 일을 끝냈을 텐데 말이다.

미국의 심리학 전문지 〈사이콜로지투데이Psychology Today〉에 따르면 다섯 명 중 한 명꼴로 자신을 만성적인 미루기 환자라 여긴다고 한다. 하지만 이 책은 그런 환자들에 초점을 맞추지 않는다. 대신 미루는 행동, 그 뒤에 있는 생각과 감정을 구체적으로 파헤친다. 습관적으로 미루는 행동을 하는 사람, 미루는 버릇 때문에 스트레스와 불안에 시달리는 사람이라면 이 책으로 큰 도움을 받게 될 것이다.

미루는 습관은 낮은 자존감, 바쁜 생활을 깨닫게 하는 경고음, 고집스러운 태도, 압박감을 해결하는 수단, 공포에 사로잡힌 희생양 등 다양한 측면과 연결되곤 한다. 나에 관해 말하자면 모든 행동에 나름의 목적이 있다는 아들러 심리학에 영향을 받은 탓인지 미루기에 대한 책을 읽을 때도 그 행동의 목적이나 원인을 생각하게 된다. 어떤 이는 어렵거나 시간이 많이 드는 일을 피하고 싶은 마음에 해야 할 것을 미뤄버리기도 한다. 또 지식이나 기술이 충분치 않아 일을 망쳐버릴지 모른다는 생각으로 미루는 경우도 있고, 수동적인 분노 표현의 수단으로 미루기를 동원하는 경우도 있다. 이 책은 해야 할 일을 미루는 행동이 얼마나 복잡한지, 얼마나 다양한 이유와 목적이 있는지 잘 보여줄 것이다.

미루는 행동은 어려운 결정이나 선택을 하고 행동으로 옮길 때 느껴지는 불안감에 대한 대처 방법으로 보이기도 한다. 선택이 일상에서 중요해졌음에도 불구하고, 정작 선택의 기술은 배우지 못하는 현대 사회에서 미루는 행동의 이런 측면이 특히 두드러진다. 어떻게 해야 할지 모르기 때문에 아무것도 하지 않고 그저 상황이 지나가버리기만 바라는 것이다. 이건 마치 뒤돌아 앉아 말을 타거나 강을 가로질러 수영하는 꼴이다. 효과는 전혀 없이 파멸적인 결과를 낳을 뿐이다.

이 책은 우리가 미루는 습관에서 벗어나 인생에서 더 많은 것을 성취할 수 있도록 세 가지 방향의 접근법을 제안한다.

1. 일을 미루게 되는 과정을 깨닫고 미루려는 생각을 바꾸기(인지적 방향)
2. 불편한 상황을 견뎌낼 수 있는 인내심과 정신력 키우기(정서

적 방향)

3. 방향을 결정하고 행동함으로써 실천에 옮기기(행동적 방향)

저자 윌리엄 너스는 미루는 습관이라는 복잡한 과정을 단순화시켜 명료한 단계별 자기 해결책을 제시한다. 그 탁월한 조언을 따른다면 우리 모두 자기 인생을 더 책임 있게 살게 될 것이다. '언제든 할 수 있는 일은 결국 하지 못하게 된다'라는 스코틀랜드 속담을 기억하라. 당신이 이 책 읽기를 미루지 않길, 당장 책장을 넘겨 이 책에 담긴 지혜를 당신의 삶에 적용해보길 바란다.

거버너스주립대학교 심리상담학과 교수
심리학 박사 존 칼슨Jon Carlson

인지정서행동치료Rational Emotive Behavioral Therapy의 창시자로서
사람들의 더 나은 삶을 위한 심리학적 연구에 열정적으로 헌신한
고故 앨버트 엘리스 박사Albert Ellis에게 이 책을 바칩니다.

CONTENTS

END PROCRASTINATION NOW!

제4부 내 삶을 긍정적으로 바꾼다: 행동적 접근

| 프롤로그 |

미루고 회피하는 나의 마음을 들여다보다

우리는 모두 삶에서 더 많은 것을 성취하고 싶어 한다. 그러나 그 바람을 미루는 습관이 가로막고 있다면? 이 책은 어쩌면 그 미루는 습관을 벗어던지고 삶을 채워나가는 데 도움을 줄 수 있을 것이다.

미루는 습관을 벗어던지지 못하는 이유는 무엇인가? 물론 미루기는 무척이나 뿌리 깊고 끈질긴 적수이다. 도저히 극복 못할 난제처럼 보이기도 한다. 하지만 습관 문제가 다 그렇듯 미루기에도 약점이 있다. 강력한 인식과 행동 접근을 통해 내면에서부터 그 약점을 공략해보기로 하자.

이 책을 읽고 있는 당신은 미루는 습관을 극복하기 위한 과정을 이미 시작한 셈이다. 남은 일은 앞으로 소개될 세 가지 방향의 접근법을 익히고 실전에 활용하여 미루기에서 벗어나는 것이다. 이 책이 제안하는 '당장 해치우기' 전략을 따라가며 미루는 습관을 극복하다 보면 필요한 행동을 필요한 시간에 필요한 방법으로 해낼 수 있을 것이다. 당신의 건강, 행복, 성취감도 곧 뒤따라올 것이다.

'나중에 하면 돼.'

우선 미루기의 개념부터 짚어보자. 이는 앞으로 전개될 논의의 바탕이 된다.

미루기를 뜻하는 영어 단어 'procrastination'의 라틴어 어원을 보면 'pro(앞으로)'와 'crastinus(내일에 속한 것)'가 합쳐진 형태이다. 그렇지만 미루기는 해야 할 일을 내일로 넘긴다는 단순한 개념이 아니다. 나는 미루기를 다음과 같이 정의하고자 한다. '시한이 있는 중요한 활동을 다음으로 넘기는 자동화된 문제 행동이자, 이에 상응하는 결과를 낳는 과정.'

미루기는 해야 할 활동에 대한 부정적 인식에서 비롯되며 그 활동을 덜 중요한 다른 활동으로 대체하려는 충동과 늘 결합된다. 또한 '준비가 되는 대로 나중에 하면 돼'와 같은 사고방식 또한 거의 언제나 원인으로 작용한다. 미루기는 인식과 사고(인지적 요소), 감정과 감각(감정적 요소), 그리고 행동(행동적 요소)이 결합된 과정이라는 측면에서 단순한 거부 행동 차원을 넘어선다. 말하자면 간단한 행동 문제로만 볼 수 없는 복잡한 문제인 것이다.

'나중에 하면 돼'라는 사소한 미루기가 결국 거대한 문제 습관으로 발전하기도 한다. 이때 미루는 행동은 순간적인 안도와 희망을 준다. 이러한 감정은 미루기라는 의사결정을 강화하여 이후 또 다른 미루는 행동을 낳는다. 일이 미뤄지는 상황을 정당화하는 핑계를 만들며 기한을 하루 더 요청하는 식이다. 그 이상의 복잡한 행동 유형들도 나타난다.

예를 들어보자. 제인은 회사의 분기별 회계 결과에 대한 분석 보고서 작성을 미루고 있다. 몇 주가 흐른 후 드디어 이번 주말에는 일을 끝내겠다고 결심한다. 일요일 점심 식사가 끝난 후 제인은 마지못해 느릿느릿 컴퓨터 앞으로 다가가 앉는다. 그리고 다음 사건들이 연이어 일어난다.

1. 막 일을 시작하려는데 길게 자란 잔디를 깎아주어야 한다는 생각이 든다.
2. 잔디 깎기 기계를 꺼내 전원을 연결한다.
3. 잔디를 깎은 후에 일을 하면 된다는 생각에 안도한다. 작업에 집중함으로써 마음속의 불안감을 잊어버린다.
4. 잔디를 깎고 난 후 이웃 사람이 마당에 나와 있는 것을 보고 다가가 수다를 떤다.
5. 최근 동네 소식을 섭렵하는 수다가 끝난 후 저녁 준비를 하러 집 안으로 들어온다.
6. 저녁을 먹고 한숨 잔다. '나중에 정신이 맑을 때 일하면 돼'라고 생각한다.

7. 잠에서 깨고 보니 뉴스를 볼 시간이다. 뉴스를 보고 난 후 늦게까지 깨어 일을 하면 된다고 생각한다.
8. 뉴스가 끝나고 컴퓨터 앞에 앉는다. 하지만 손가락이 말을 듣지 않는다. 어느새 게임을 시작해 금방 빠져들고 만다.
9. 시간은 자정이 되었다. '지금 시작하기는 너무 늦었는걸. 내일 아침에 일찍 일어나면 돼'라고 생각하며 새로운 계획을 세우고 그 계획에 만족한다.
10. 아침 7시에 자명종이 울린다. 정신없이 출근 준비를 하느라 보고서를 작성할 시간이 없다.
11. 직장에 도착한 후 사소한 일부터 처리하기로 한다. 전화를 하고 이메일을 보내고 나니 벌써 점심시간이다.
12. 점심을 거르고 4시까지 끝내야 할 회의준비를 간신히 마친다.
13. 기진맥진한 상태로 상사에게 사정해 하루 더 말미를 구한다.
14. 다른 모든 일을 제쳐두고 보고서 작성을 끝낸다.
15. 진작 시작해서 끝내야 했다고 자책한다. '다음번에는 얼른 끝내겠어'라고 결심한다.
16. 다음번에 보고서를 작성하면서도 똑같은 상황이 반복된다.

제인의 경우를 보면 미루는 행동이 자동적이면서 동시에 복합적이다.(제인의 문제 습관은 뒤에서 다시 다룰 계획이다. 제인이 인지적 · 정서적 · 행동적 접근법을 어떻게 활용해 미루는 습관을 극복하는지 보게 될 것이다.)

자기 분석이 필요하다

경제적 수준, 직업, 연령 등 어떤 인구통계학적 집단에 속한 사람이든 미루는 습관을 가지고 있을 가능성이 있다. 모든 사람이 최소 한 번 이상의 심각한 미루기 경험을 해봤다고 해도 틀린 말은 아니다. 직장인의 경우는 더욱 심각하다. 샐러리닷컴Salary.com에서 2007년 실시한 조사에 따르면 미국 직장인들은 하루 업무 시간의 20퍼센트를 미루는 습관 때문에 낭비한다고 한다.

또한 미루는 행동을 연구하는 조셉 페라리Joseph Ferrari와 동료들이 미국, 영국, 호주, 터키, 페루, 스페인, 베네수엘라의 사무직 및 생산직 노동자들을 대상으로 조사한 결과, 전체 노동자의 25퍼센트가 만성화된 미루기 행동으로 곤란을 겪는 것으로 나타났다. 그렇다면 나머지 75퍼센트의 노동자들은 이러한 습관에서 자유롭다는 뜻일까? 그렇지 않다! 미루는 행동에서 자유로운 사람은 없거나 극히 드물다.

미루는 행동의 이유와 방법은 무척 다양하다. 성공한다는 보장이 없어 결정을 미루는 사람도 있고, 싫은 일을 피하기 위해 온갖 창의적 구실을 대는 사람도 있다. 만성적인 미루는 습관으로 인해 심각한 문제를 겪는 사람들은 이 지구상에 수억 명에 달한다. 특히 이런 습관 때문에 자존감과 성취감에 상처를 입거나 미루는 행동으로 극심한 스트레스를 받아 건강을 해치는 이들도 적지 않다.

의도적으로 미루는 습관을 선택하는 사람은 아무도 없다. 정신적 건강 대신 우울증을 선택하는 사람이 없는 것처럼 말이다. 이미 미루는 습관에 젖어 있다면 선택은 두 가지이다. 이를 극복하기 위해 교정 행동을 시작하든지, 아니면 아무것도 하지 않고 일이 잘 풀리기만 기대하는 것이다. 지금부터는 변화를 선택하자. 교정 행동은 당신의 책임이다. 변화는 단번에 이루어지는 사건이 아닌 과정이다.

이 책에는 미루는 습관을 극복하기 위한 현실적이고도 복합적인 방법들이 다양하게 소개된다. 실제로 미루는 습관에서 벗어나기 위해 할 수 있는 일은 아주 많다. 장기적으로 자신을 교육한다는 시각을 갖는다면 미루는 습관을 맹목적으로 반복하는 일이 점점 줄어들 것이다. 미루지 않아야 할 이유를 찾아본다면 미루는 습관에 머물 가능성도 줄어들 것이다. 불편한 감정과 감각이 일시적이라는 점을 받아들인다면, 그저 움찔하며 피하기만 하지는 않을 것이다. 올바른 행동을 시작하겠다고 결심한다면 스트레스는 줄고 더 많이 성취하며 더 건강하고 행복한 삶을 이룰 수 있다. 이제 본격적으로 시작해보자.

이 책은 더 오래, 더 많이 일하라고 요구하지 않을 것이다. 최대의 노력을 기울여야 하는 순간도 물론 있다. 그러나 우리 대부분의 일상적인 삶은 어느 정도의 성취만으로도 충분히 만족스러울 수 있다. 그럼에도 미루는 습관을 끝내려는 이유는 불필요한 미루기로 인해 생기는 고통을 없애고 살아가기 위해서이다. 그러고 나면 언제든 최대치의 노력을 이끌어낼 수 있지 않을까? 미루느라 낭비했던 시간을 되찾으면 더 많이 즐기고 더 많이 성취할 시간이 생길 것이다.

제1부

습관을 이기는 심리 훈련

다른 길을 선택하다

미루기가 자동화된 습관이라고 한다면 그것은 도저히 빠져나올 수 없다는 뜻일까? 다행히도 미루기에 맞설 수 있는 대안적 선택 행동들이 있다. 잘못된 사고를 바꾸고(인지적 방법) 불쾌함을 견디는 인내심을 키우며(정서적 방법) 노출을 점차 증가시킴으로써(행동적 방법) 미루는 행동을 불가능하게 만들고, 이런 행동이 반복되는 것을 예방할 수도 있는 것이다.

자동화된 습관

미국의 시인 로버트 프로스트Robert Frost의 〈가지 않은 길〉이라는 작품을 보면 어쩔 수 없는 선택의 순간이 잘 드러난다. 두 갈래 길에서 한쪽을 택한 주인공은 가지 않은 다른 길을 아쉬워한다. 과연 인간의 호기심을 잘 묘사한 시인 듯하다. 많은 이들이 애송하는 마지막 부분은 이렇다. '숲 속에 길이 두 갈래로 나 있었다고, 그리고 나는 / 나는 사람들이 적게 간 길을 택하였다고 / 그로 말미암아 모든 것이 달라졌다고.' 이 시는 자동화된 미루는 습관을 선택으로 해결할 수 있다는 것을 보여주는 흥미로운 사례이기도 하다.

미국 심리학의 아버지인 윌리엄 제임스William James 역시 선택의 중요성에 대해 중요한 깨달음을 준다. 그는 반복되는 우울증으로 오랫동안 고생했다. 이로부터 벗어나고자 당시 유행하던 행동 기법을 시도했지만 효과가 없었다. 새로운 방법을 찾던 그는 19세기 프랑스 철학자 샤를 르누비에Charles-Bernard Renouvier의 자유의지철학을 발견했다. 여러 대안 가운데서 하나를 선택할 수 있는 인간 능력에 대한 철학이었다. 윌리엄 제임스는 다른 길을 선택하기로 했다. 그리고 그렇게 생각을 바꿈으로써 인생을 바꿀 수 있었다.

선택의 자유란 곧 내키는 대로 행동하는 것이라 보이는가? 이는 자칫 방종의 길로 이어질 수 있다. 시각을 바꿔보자. 가장 위대한 성취는 고난을 동반하게 마련이다. 대가를 치르지 않고 위대한 일을 해낸 경험이 있는가?

미루는 습관의 그늘이 드리워진 길을 따라가는 것은 어떨까? 생산적인 성취의 길과는 무척 다를 것이다. 미루기의 길은 오랫동안 지나다닌 탓에 닳아버린 반면, 목표지향적이고 생산적이며 창의적인 길은 흥미진진한 새로운 땅을 가로지를 것이다. 이 길에서는 열정과 인내가 능력보다 더욱 중요하다. 물론 생산적인 행동을 꾸준히 지속하면서 능력까지 뛰어난 사람이라면 최고의 성과를 낼 것이 틀림없지만 말이다.

Note

미루는 습관을 끝내기 위한 전략과 더불어 이 책에서는 미루기에 대한 학문적 연구도 소개할 것이다. 그중에는 이 책에서 소개하는 세 가지(인지적 · 정서적 · 행동적) 접근법을 옹호하는 연구들도 있다. 그런데 미루는 습관을 대상으로 한 연구들을 보면 공통적인 문제가 있다. 표본이 지나치게 제한적이어서 광범위한 인구사회학적 맥락을 포괄하기 어렵다는 점이다. 사회과학 분야의 연구는 대학생들을 조사하게 되는데 이렇게 나온 연구 결과는 자칫 심각한 오류를 범할 수 있다. 캘거리대학교의 피어스 스틸Piers Steel 교수가 실시한 연구도 그런 오류를 피하지 못한 것으로 보인다. 사람들이 미루는 습관에서 벗어나기 위해 어떻게 하면 좋을지에 대해서는 앞으로도 꾸준히 연구될 것이다. 그때까지는 임상 연구를 바탕으로 한 이 책의 접근법이 유효하다고 본다.

'나는 미루는 사람'이라는 꼬리표 떼기

인지적 · 정서적 · 행동적 접근을 통해 미루는 습관을 극복하기에 앞서 몇 가지 기본적인 사항을 짚고 넘어가도록 하자. 우선 "난 늘 미루기만 하는 사람이야"라고 생각 없이 중얼거리는 이들이 있다. 세상에 어느 한쪽의 모습만 가진 사람은 없다. 따라서 자신에 대한 부정적인 일반화는 잘못된 것이다. 늘 미루기만 하는 사람이라면 어떻게 지금 모습을 바꿀 수 있겠는가?

미루는 행동은 상대적이다

당신은 미루기만 하는 사람도, 아무것도 미루지 않는 사람도 아니다. 삶의 어떤 부분은 미루기 일쑤라 해도 여전히 당신은 장점도 많고 성취해내는 것도 많은 존재이다. 미루기는 변화 가능한 습관이다. 그러니 거기 파묻히기보다는 변화를 생각하는 것이 더 이성적이고 현실적이다.

언어는 시각을 만들어낸다. 승자와 패자라는 단어를 보자. 서로 다른 이미지가 떠오르지 않는가? 스스로에게 패자의 꼬리표를 붙이면 어떤 느낌, 어떤 행동이 나오는가? '늘 미루기만 하는 사람'이라는 꼬리표 역시 마찬가지로 작용하게 된다.

자신을 늘 미루는 사람이라 여기는 것 또한 선택이다. 다만 이 선택은 정당화되기 어렵다. 미루는 행동은 상대적이다. 내가 아는 그 누구도 자기에게 주어진 모든 일을 미루지는 않는다. 완벽하게 효율적이고 정확한 사람 역시 없다. 자신의 미루기 행동이 마음에 안 드는가? 그렇다면 마음에 안 드는 점을 바꾸면 된다. 분명한 것은 미루는 습관이 한 사람의 전부를 보여줄 수는 없다는 것이다.

자신을 미루는 사람이라 부른다면 이는 기술자나 중년이라는 호칭과 다름없는 일반적 의미에서 비롯된 것일 뿐이다. 우리는 수천 가지 특징을 지니고 수십 가지 역할을 해내며 살아가는 복합적인 존재이다. 여기에 꼬리표를 붙이면 다른 선택의 여지없이 꼬리표를 그대로 따라갈 위험이 크다.

완벽하지 않으면 실패다?

미루는 행동의 이유는 다양하다. 예를 들어 '긴장 회피'도 그중 하나다. 압박감을 싫어하는 사람은 압박감을 주는 일을 나중으로 미뤄버린다. 불안도 미루는 행동을 낳는다. 불안한 사람은 미래를 위협적으로 바라보고, 상황을 통제해낼 수 없다고 믿는다. 그리하여 조금이라도 더 안전한 행동으로 도피해버린다. 실패에 대한 두려움 또한 미루는 과정에서 흔히 등장한다. 더 정확히 표현하면 '실패 불안'이라고 해야 할 것이다.

실패 불안에 대한 이야기

불안감 아래에는 완벽주의가 깔려 있다. 기대했던 만큼 높은 성취가 이루어졌는가에 따라 자신을 성공작 혹은 실패작으로 바라보는 것이다. 성취에 필요한 능력이나 자원이 충분치 않다고 생각하면 아예 일을 미뤄버린다. 이런 자기 파업을 막으려면 실패에 대한 생각부터 바로잡아야 한다.

세금과 죽음 외에 우리 삶에서 확실한 것은 거의 없다. 하지만 실패, 다시 말해 자기 기준에 도달하지 못하는 일은 확실히 우리 모두 경험하게 되어 있다. 다만 그 실패를 처리하는 방법은 사람마다 다르다.

'실패는 없다'라는 사고방식은 새롭고 어려우며 복잡한 일을 두려워하거나 거부하지 않도록 도와줌으로써 변화를 만들 수 있다. 이 사고방식 아래 깔려 있는 실패에 대한 생각들은 다음과 같다.

- 실패는 지나가는 산들바람처럼 자연스러운 일이다. 인생과 학습의 정상적인 일부인 것이다. 시도하는 모든 일이 잘 풀릴 수는 없다. 대학 입시를 두세 차례 치르게 될지도 모른다. 선택한 직업에서 일이 잘 안 풀릴 수 있다. 갑자기 경기 불황이 닥쳐와 주식 투자금을 몽땅 날릴 수도 있다.
- 실패에는 대가가 뒤따른다. 실컷 퍼마시고 숙취가 없기를 바란다면 터무니없지 않은가. 산업 사회에서 생산의 실패는 실직으로 이어지곤 한다.
- 대부분의 실패는 환상이다. 즉 100퍼센트 완벽하지 않으면 실패라고 여기는 것이다. 이런 사고방식은 결국 스스로를 불행하게 만들 뿐이다. 세상에 완벽한 사람이 누가 있는가?

- 자기 발전의 밑거름이 되는 실패는 교육적이다. 이 교육은 고통을 동반하기도 하지만 새로운 발견과 관점으로 연결되기도 한다.

실패에 대한 두려움이라는 덫은 전혀 다른 시각으로 이어진다. 완벽주의라는 허구의 프리즘을 통해 대상을 바라보는 것이다. 이 프리즘을 거치면 경험이 왜곡될 수밖에 없다. 인생이 성공으로만 채워지면 가치 있는 존재이고 그렇지 못하면 실패작이 된다. 이런 식의 흑백 사고를 가지고 있다면 언제든 미루는 습관으로 빠져들 수 있다.

흑백 사고의 덫에서 벗어나 자유로워질 수 있는가? 실패에 대한 두려움은 만들어진 덫이며 우리 사고의 산물일 뿐, 실제 우리의 행동과는 거의 관련이 없다. '실패는 없다'라고 생각한다면 두려워할 필요도 없다. 실패라는 단어를 아예 지워버리는 것이다. 적어도 우리 자신의 발전이라는 범주 내에서는 말이다.

자신을 발전시키기 위한 노력을 실험으로, 발전 계획을 가설로 바라보자. 그러면 시각이 완전히 바뀐다. 과학자처럼 실험을 하는 것이다. 계획을 시험해보고 결과를 검토하라. 분석 대상은 자기 자신이 아니라 실험 결과이다. 결과가 마음에 들지 않으면 계획을 조정하여 다시 시험하면 된다.

새로운 시각과 사고를 실천에 옮기는 일은 하루아침에 되지 않는다. 제대로 자리잡기까지 시간이 걸린다는 점을 기억하라.

회피 충동에 맞서는 것

앞으로 이 책에서 소개할 '당장 해치우기' 전략은 적절한 때에 적절한 방식으로 적절한 일을 해냄으로써 건강, 행복, 성취를 최대화하는 것이다. 이 전략을 따르면 미루는 습관을 떨쳐내면서 동시에 중요한 일들을 책임 있게 수행할 수 있다. 또 회피하려는 충동에 맞서는 동시에 미루고 싶은 일을 열심히 해내게 된다. 이 두 가지 변화를 어떻게 이루는가가 차이를 만들어낸다. 지식과 노하우가 필요한 부분도 여기이다. 자신에게 가장 잘 맞는 과정을 선택하고 익숙해질 때까지 반복함으로써 당장 해치우는 능력을 키울 수 있다.

출발선은 긍정적이다. 당신에게는 자기 생각, 느낌, 행동을 원하는 방향으로 끌고 갈 능력이 있다. 능력을 발휘해 당신이 할 수 있는 일을 해내면 그만이다.

'당장 해치우기' 전략의 목표는 점진적으로 미루는 습관을 해결하는 것이다. 이 전략을 따르다 보면 미루는 습관을 깨뜨리는 행동이 나올 것이다. 생활습관이 전환되면서 스스로에게 했던 말들, 감정적으로 인식했던 위협 요소들, 생산적 결과를 방해해온 회피 행동들이 하나씩 드러나게 될 것이다.

당장 해치우는 과정은 하루아침에 이뤄지지 않는다. 오래된 미루는 습관에 성공적으로 맞서 긍정적인 태도를 형성해갈 시간과 연습이 필요하다. 다음 장에 소개할 인지적 · 정서적 · 행동적 접근까지 더해진다면 미루는 습관은 극복의 길로 이미 들어선 셈이다.

인지적 · 정서적 · 행동적으로 긍정적인 기법

부정적 사고를 바꾸고 스트레스를 낮추며 주도적으로 행동하면, 인생을 더 좋게 바꿀 수 있다. 이 책에서 배우게 될 인지적 · 정서적 · 행동적 기법은 효과가 장기적이다. 체중 감량, 운동, 스트레스 해소 등 일생에 걸친 변화를 달성하고 유지하도록 도와줄 수도 있을 것이다.

이러한 기법에 의혹을 가질 필요는 없다. 인지행동치료는 400회 이상의 무작위 통제 연구로 증명된 방법이기 때문이다. 이는 인지적 · 정서적 · 행동적 변화를 이끌어내고 유지할 때 가장 많이 활용되는 치료법이기도 하다.

이 책에서 나는 더 오래, 더 많이 일하라고 요구하지 않을 것이다. 최대의 노력을 기울여야 하는 순간도 물론 있다. 그러나 우리 대부분의 일상적인 삶은 어느 정도의 성취만으로도 충분히 만족스러울 수 있다. 그럼에도 미루는 습관을 끝내려는 이유는 불필요한 미루기로 인해 생기는 고통을 없애고 살아가기 위해서이다. 미루느라 낭비했던 시간을 되찾으면 더 많이 즐기고 더 많이 성취할 시간이 생길 것이다.

미루는 습관을 끝내기 위해, 그리하여 미루는 데 소모되었던 시간에 더 많은 것을 이루기 위해 이 책에서는 아래와 같이 세 가지 방향의 접근법을 제안한다.

- 미루는 습관이 작동하는 방식을 파악하고 미루려는 생각을 바꾸기(인지적 접근)
- 괴로운 상황을 이겨내기 위한 인내심과 정신력 키우기(정서적 접근)
- 행동 노선을 결정하고 적용하여 업무와 삶에서 훨훨 날기(행동적 접근)

위의 접근법을 활용하면 과거의 부정적인 요소(미루는 습관)가 줄어들고 긍정적인 선택과 목표가 촉진될 것이다. 사실 부정적인 요소가 줄어드는 것만으로도 이미 충분히 긍정적이다.

세 가지 접근은 서로 영향을 미친다. 한 방향에서 긍정적인 변화가 일어나면 다른 두 방향도 좋은 영향을 받는다. 이들은 더 큰 변화에도 적용된다. 예를 들어 미루는 습관을 떨쳐내는 과정에서 인생의 도전과 어떻게 당당히 대면하고 스트레스에서 해방될 것인지 깨달을 수 있다.(스트레스는 미루는 습관의 원인이자 결과이기도 하다.)

세 가지 방향의 접근법

: 인지적 접근

인지적 접근의 바탕은 자신의 사고방식에 대해 생각하는 것, 그리고 불쾌한 감정과 자기 파괴적 행동의 원천이 되는 자동화된 부정적 사고ANT: automatic negative thoughts를 바꾸는 것이다. 부정적 사고를 언제 어떻게 인식해야 할지 배우고, 그 지식을 활용해 미루는 습관을 예방하는 것이 목표이다.

미루는 사고방식에 맞서게끔 스스로를 가르치는 방법은 이 책 전체에 걸쳐 설명될 것이다. '나중에 하면 돼'와 같은 생각은 신속하게 날려버려야 하는 핑계이다. 실패하면 사람들에게 거부당할 것이라 생각해 두려워하는 마음 역시 문제일 수 있다. 스스로 만들어낸 그 두려움을 떨쳐내기 위해 행동을 미루기 때문이다. 이와 같은 인지적 장벽을 넘어서는 방법은 2부에서 소개될 것이다.

: 정서적 접근

행동을 시작하려 할 때 불편한 감정을 느끼는 것이 문제인 경우도 있다. 이렇게 되면 그 불편한 일 대신, 정서적으로 안전한 일을 택해 긴장을 감소시키려는 반응이 나온다. 하지만 그렇다고 해서 미뤄진 일은 사라지지 않으며, 따라서 괴로운 감정은 그대로 남는다.

복잡한 과업이나, 보상이 너무 먼 미래에 주어지는 과업, 위협이나 두려움, 불안감을 느끼게 하는 활동이 감정적인 반응을 낳아 미루는 습관이 시작되기도 한다. 부정적 감정의 속삭임에 대한 본능적인 반응으로 미루기 행동이 나오는 것이다.

행동하려면 먼저 감정적인 상황이 갖춰져야 한다고 생각하는가? 그렇다면 새뮤얼 베케트Samuel Beckett의 연극 〈고도를 기다리며〉에 등장하는 인물들과 다름없어진다. 결국 고도는 오지 않기 때문이다. 그러니 반갑지 않다 해도 필요한 책임을 받아들여야 하는 순간에는 지성의 힘으로 감정적 장벽을 넘어야 한다. 그렇게 하여 생산적인 길로 나아가는 편이 현명하다. 감정적 장벽을 넘어 성공과 행복으로 가는 다양하고 강력한 기법들은 3부에서 소개될 것이다.

: 행동적 접근

일을 미루는 사람은 기한이 급한 일 대신 덜 급박한 일을 하느라 시간을 보낸다. 물론 덜 급하지만 더 중요한 일을 선택하는 경우도 있다. 하지만 대부분의 행동적 회피는 중요한 일을 극히 사소한 일로 대체하는 형태이다. 예를 들어 사업에 중대한 영향을 미치게 될 새로운 법안 검토를 미루고 신문 한 귀퉁이에 있는 만화를 읽는 식이다. 4부에서는 이러한 행동적 회피를 막고 생산적 노력을 기울이기 위한 행동 처방이 내려질 것이다.

미루는 습관은 사고, 정서, 행동이라는 요소들과 복잡하게 결합되어 있는 탓에, 더 이상 미루며 살지 않겠다고 굳은 결심을 했다 해도 지키기가 쉽지 않다. 미루는 습관을 버리고 생산적인 삶으로 전환하려면 시간과 노력이 필요하다. 이 책에는 이 과정에서 필요한 강력한 인지적 · 정서적 · 행동적 처방약들이 담겨 있다. 그런데 이 책이 소개하는 단계적 자기치료 심리프로그램은 미루는 습관 외에도 여러 곳에 적용 가능하다. 충분히 익힌 후 거듭 사용한다면 인생을 더욱 충만하게 만들 수 있을 것이다.

인지적 · 정서적 · 행동적으로 긍정적인 기법을 몸에 익히다 보면 좀 더 효율적인 사람으로 거듭날 수 있을 것이다. 스스로 긍정적 목표를 향해 자기 행동을 조직, 통제, 지휘할 수 있다는 믿음은 실제로도 높은 수행 실적과 연결되기 때문이다. 반대로 말한다면 낮은 자기 확신은 미루는 습관, 평균 이하의 생산성의 원인이 될 것이다.

세 가지 접근법을 통해 우리는 분명 생산성을 높이고 효율화할 수 있다. 하지만 이는 아무것도 없는 상태에서는 불가능하다. 우선 의미 있는 결과를 이끌어낼 목표부터 있어야 한다. 인생의 중요한 목표는 아주 작은 부분부터 차근차근 이루어진다는 점도 간과하지 마라. 미루는 행동을 극복하고 목표를 향해 조금씩 나아가는 과정에서 최종적으로 이뤄낼 성과를 바라봐야 한다.

■ ■

미루는 습관이라는 상대는 단순하지 않다. 복잡하고 다양하다. 그러니 미루기라는 행동에 그토록 많은 이유와 증세, 농담, 오싹한 이야기들이 따라다니는 것도 당연하다. 미루기는 가끔씩 나타나는 행동일 수도 있고 매일 벌어지는 일상일 수도 있다. 모습을 분명히 드러내기도 하지만 감추고 있기도 하다. 2부에서는 다양한 시각에서 미루기를 바라볼 것이다. 이를 통해 당신은 자신의 미루는 습관을 바로잡는 데 들어갈 시간과 자원이 얼마나 될지 가늠할 수 있으리라.

미루는 습관을 극복하고 긍정적인 변화를 이루기 위해서는 제대로 인식하는 것이 퍽 중요하다. 하지만 그것만으로는 충분하지 않다. 일반의미론의 창시자인 앨프레드 코르지브스키Alfred Korzybski도 '지도는 땅이 아니다. 상징이자 안내자일 뿐이다. 땅을 알려면 직접 경험해보아야 한다'라고 하지 않았는가.

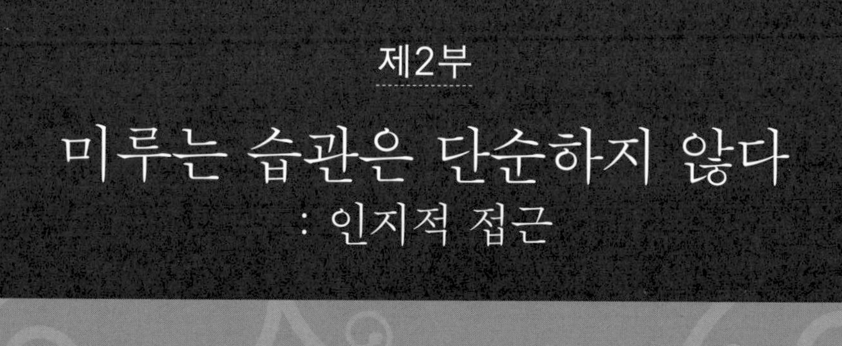

제2부

미루는 습관은 단순하지 않다
: 인지적 접근

습관은 예기치 못한 방향으로 흘러간다

미루기란 제때 해야 할 행동을 불필요하게 지연시키는 것이다. 그 행동은 못 받았던 전화를 다시 거는 것부터 비즈니스 계획을 수립하는 것, 담배를 끊는 것에 이르기까지 다양하다.

상대적으로 덜 중요한 일을 미루는 습관 때문에 일상에서 큰일이 나지는 않는다. 매주 한 번씩 식료품을 구입하는 일이 하루 늦어졌다 해도 별 피해는 없다. 하지만 이런 작은 일들을 지속적으로 미루다가는 늘 밀린 일들에 파묻혀 허우적댄다고 느낄 수 있다. 심하게는 파멸에 이를 수도 있다.

미루는 습관이 가끔 나타나든 늘 나타나든 간에 그 습관에서 벗어나려고 행동함으로써 우리는 스스로의 삶에 씌워둔 인위적 한계에서 자유로워질 수 있다. 이 습관화된 모습을 무력화시키는 과정에서는 어떤 영역의 미루는 행동을 대상으로 삼아도 무방하다. 이는 시간 관리를 강조하는, 즉 더 열심히 노동하여 더 많은 결과물을 만들어내라고 요구하는 사고방식과는 전혀 다른 접근이다.

미루는 습관은 사회적인 요인에서 생겨나기도 하고 두뇌 문제나 개인의 성향, 기질, 소신과 관련되어 나타나기도 한다. 평가받는다는 것에 대한 불안감이 원인일 때도 있다. 여러 이유가 결합되기도 하는데 그 양상은 상황에 따라 다르다. 이렇게 미루는 행동이 나타나는 과정 자체는 유사하지만 상황의 맥락이 갖고 있는 다양성 때문에 미루는 습관을 극복하기란 쉽지 않다. 특정 자극에 대한 공포 반응은 상대적으로 적은 시간과 노력을 들여 고칠 수 있다. 반면 다양한 경로로 발생하거나, 예기치 못한 양상을 보이는 미루는 습관은 훨씬 어려운 상대이다.

데드라인을 다루는 법

데드라인deadline은 일이 끝나야 하는 시점이다. 이에 대한 통제권은 일하는 사람에게 있지 않으므로 지시나 규칙에 따라야 한다. 미루기라고 하면 데드라인을 잊거나 허겁지겁 이에 쫓기는 모습을 상상할 것이다. 하지만 데드라인 미루기는 기한을 맞추기 위해 실제로 움직이기에 앞서 가능한 오래 시간을 끄는 행동을 뜻한다.

업무는 시간 계획, 진행과정, 데드라인의 규제를 받는다. 가령 당신이 기업의 홍보물 제작 작업을 한다고 가정하자. 정해진 시간에 홍보물이 완성되려면 내용과 디자인을 준비하고 인쇄를 맡기고 배포하는 단계들이 예정에 맞춰 이루어져야 한다. 각각의 활동이 순차적으로 제때 완료되지 못하면 홍보물 제작은 뒤죽박죽 진행될 것이다.

시간 계획이나 지시사항은 명료하지 않은 채 데드라인만 못 박혀 있다면 불안한 상황이다. 분명하지 않은 일은 나중으로 넘겨버릴 가능성이 크기 때문이다. 일의 목표, 그리고 언제 어디서 어떻게 진행되어야 하는지가 분명하다면 적극적으로 실행될 가능성이 크다. 그러니 불명료한 부분이 있다면 캐묻는 것이 필요하다. 체계가 불분명하다면 체계를 만들어야 한다.

길고 복잡한 프로젝트가 잡혀 있는데 보상이라고는 끝내고 난 후의 안도감이 전부인 경우라면 어떨까? 이런 경우 내적 보상 체계를 만족시켜야 하는 과제가 생긴다. 비둘기는 즉각적인 작은 보상을 위해 기꺼이 일하지만 더 큰 보상이 있다 해도 더 많이 일하려 들지는 않는다. 원숭이는 보상이 너무 멀리 있다면 한눈을 팔고 일을 미룬다.

포유동물인 우리 인간 역시 보상이 너무 멀거나, 보상을 얻기 위해 너무 많이 일해야 한다면 아예 미뤄버리게 된다. 신속한 보상을 좋아하고 미래의 더 큰 보상은 무시하는 성향이 있기 때문이다. 아울러 복잡하거나 모호해 보이는 일, 불확실성이 높은 일은 시작하지 않으려 든다. 복잡성을 피하려는 원초적 충동과 문제를 해결하는 고도의 인지적 능력이 갈등을 일으키면서 이성적 의사결정을 방해하고 결국 미루는 행동이 발생한다. 복잡하고 장기적인 과업은 초강력 태풍처럼 보이기 때문에 얼른 다른 일을 손에 잡는 것이다.

데드라인 상황은 이해가 상충되는 현장이 되곤 한다. 월급을 받고 싶다면 회사에서 요구하는 시간 계획을 따르고 일을 미루지 말아야 한다. 그리하여 제대로 과업이 완수되면 회사도 원하는 바를 얻고 직원은 원하는 대가를 얻는다. 가령 데드라인이 정해진 복잡하고 어려운 과업이 있는데, 일찌감치 일을 시작해 충분한 시간과 노력을 투자하는 것 외에 대안이 없는 상황이라고 가정해보자. 그 과정이 내적으로 보상을 준다면 문제없다. 그러나 그렇지 않다면 업무를 분할하여 중간단계마다 데드라인을 설정하고 주기적으로 보상을 받을 수 있도록 해두는 편이 현명하다.

생산적인 장기 과업 과정에서 미루기 행동이 방해가 된다면 과업의 목적, 데드라인, 시간 계획, 미루기 위험 요인 등으로 구성된 점검표를 만들어 활용하는 것도 좋다.

목적	데드라인	핵심 단계별 시간 계획	미루기 행동이 나타날 가능성이 높은 단계

미루는 습관을 끝내기 위한 우리의 인지적 · 정서적 · 행동적 접근법에서 가장 먼저 해야 할 일은 자신의 미루는 습관을 제대로 파악하고 인식하는 것이다. 이를 위해서도 점검표는 유용하다. 우리의 기억력에는 한계가 있다. 미루다 보면 완전히 잊어버리는 일도 적지 않다.

시급하지 않은 목표에 제일 먼저 매달리는 이유

데드라인 미루기는 미루는 습관이라는 거대한 빙산의 아주 작은 일부분일 뿐이다. 그보다 더 크고 심각한 문제로 떠오를 수 있는 것이 '개인적 미루기'이다. 개인적 미루기는 개인적 특성을 반영하는 행동, 예를 들어 불필요한 두려움을 대면하는 것 같은 행동을 습관적으로 미루는 것이다. 스트레스를 잔뜩 받으면서도 놓지 못하는 일이 있다. 압박감을 느낀 당신은 언젠가 자신감 향상 프로그램에 등록해야겠다고 생각한다. 하지만 프로그램에 등록하고 변화를 시도하는 대신 TV를 보고 연예 잡지나 뒤적거린다.

자기 발전을 위한 행동은 오로지 자신만을 위한 것이고, 시작이나 끝의 지점도 정해져 있지 않으므로 미루는 습관이라 여겨지지 않을 수도 있다. 하지만 이 행동 역시 미루기의 정의에 들어맞는다. 다음 표는 당신의 자기 발전 우선순위를 파악하기 위한 것이다. 가장 시급하고 중요한 자기 발전 목표와 그보다는 덜 중요하지만 추구해야 할 목표를 보여주는 것이다. 중요하지도, 시급하지도 않은 목표에 제일 먼저 매달리는 것은 시간과 자원의 낭비이다. 그리고 덜 중요한 일 때문에 가장 시급하고 중요한 일을 게을리 하는 것이 다름 아닌 미루는 행동이다. 만약 건강에 문제를 느끼면서도 금연을 시작하는 대신 연예 기사를 읽고 있다면, 지금 자신의 행동에 대해 곰곰이 살펴볼 필요가 있다.

행동	중요함	유용함	중요하지 않음
시급함	폐기종과 암의 위험을 낮추기 위해 금연하기	뱀 공포증 다스리기(공원에 종종 줄무늬뱀이 나타나는 상황)	함께 동네 문화센터에 가입하자는 이웃 사람의 권유
시급하지 않음	비행공포증 극복하기(항공여행을 곧 떠날 예정은 아님)	자료를 손쉽게 찾을 수 있도록 컴퓨터 파일 정리하기	연예인 스캔들에 대한 최신 뉴스 챙겨보기

위의 표를 참고하여 이제 당신에게 가장 시급하고 중요한 목표가 무엇인지 정리해보자.

행동	중요함	유용함	중요하지 않음
시급함			
시급하지 않음			

정말 소중한 것은 뭘까?

빼먹고 하지 않는 일이 어쩌면 개인적 미루기의 핵심일 수도 있다. 은퇴한 노인인 딕은 늘 불평하면서 시간을 보냈다. 여자친구에 대해, 여기저기 아픈 몸에 대해 불평했다. 아침 식사를 함께 하는 동료 노인들이 투덜거리는 것이 못마땅했고 지금까지 놓쳐버린 삶의 기회를 아쉬워했다. 그 모든 불평의 공통점은 무엇이었을까? 하나같이 핵심에서 벗어난 회피 행동이었다.

시급하고 중요한 목표, 덜 시급하고 덜 중요한 목표를 표에 채우면서 딕은 자신이 미루고 있던 일들을 깨달았다. 그가 가장 먼저 해야 할 일은 컴퓨터 화상통화 방법을 배우는 것이었다. 자녀나 손주들과 자주 연락할 수 있도록 말이다. 또 문화센터에 가고 여행도 떠나고 싶었다. 그의 불평은 결국 낮에는 주로 잠을 자고 밤에는 텔레비전을 보는 식으로 이어지는 현재 자신의 삶에 대한 것이었다. 우선순위가 정확해지고 불평의 무익함을 깨달은 후, 딕은 자기 발전을 위한 도전을 시작했다.

단순한 미루기와 복잡한 미루기

단순한 미루기는 귀찮고 싫은 마음에 복잡하지 않은 행동을 회피하는 것이다. 순간적인 망설임에서 시작될 수도 있지만 신속하게 생산적 행동으로 전환되지 않는다면 습관으로 굳어질 수 있다. 이러한 망설임은 우리의 두뇌 작용과 연관되어 있다.

두뇌는 '나중에'라고 말하며 의사결정을 지연시키려는 성향을 갖고 있다. 두뇌가 감각 신호에 능동적으로 반응하기까지 걸리는 시간은 생각보다 퍽 길다. 이는 하급 두뇌 기능에서 오는 신호를 상위 정신 과정이 이해하는 데 어려움을 겪기 때문인지도 모른다. 하급 두뇌 기능과 인지적 의사결정 과정 사이의 잠재적 갈등은 단순한 미루기가 시작되는 부분적인 이유가 될 수 있다. 이 갈등을 불편하다고 느끼는 경우 의사결정이 늦춰지면서 결국 미루는 행동을 하게 된다. 여기서 '나중에'라는 생각이 중요한 작동 기제로 개입된다. 이를 해결하려면 생물적 저항을 이겨내야 한다.

한편 미루기에 다른 조건이 더해지면 복합적 미루기가 된다. 예를 들어 자기불신이나 완벽주의 같은 요소가 동반되는 것이다. 복합적 미루기는 다층적 구조로 이루어져 있어서, 각 층을 분리해 하나씩 공략할 수 있다. 그런데 여러 층이 서로 연결되어 있으므로 한 층을 약하게 만들면 다른 층도 영향을 받는다. 회피하려는 충동이 발생했다고 가정해보자. 이 경우에는 간혹 사소하면서도 비용이 높은 다른 행동으로 전환되기도 한다. 가령 공과금을 내야 하는 상황에서 이를 피해 카지노에 가는 것이다. 도리어 카지노에서 추가로 도박 빚을 진 후에는 텔레비전을 시청하며 그 사실을 애써 잊으려 한다.

핵심은 동반되는 다른 조건을 파악하고 극복했다 해도 미루는 습관을 버리겠다는 목표는 여전히 유효하다는 것이다. 복잡한 다층적 구조에서 한 층이 사라졌을 뿐이다. 미루기는 자체의 생명력을 지니고 끈질기게 유지된다. 미루는 행동과 생각을 바꾸고 감정적 인내력을 키우며 생산적인 행동과 목표를 추구하려면 노력이 필요하다.

문제를 회피하고 싶어 하는 마음

미루기는 하나의 증상일 수도, 방어책일 수도, 문제 습관일 수도 있다. 혹은 이 모두의 결합일 수도 있다. 미루는 행동은 걱정에 걱정을 거듭하면서 정작 그 걱정을 없애기 위한 인지적 기법의 습득을 미뤄버리는 복잡한 유형의 증상일 수 있다. 반면, 잡무에 몰두하는 것은 문제를 거부하고만 싶은 내적 긴장감이 나타내는 증상일 수 있다. 이런 유의 분주함은 행동적 회피의 한 유형으로 막다른 골목으로 전력을 다해 질주하는 것이나 다름없다.

빼먹고 하지 않은 일을 인식하고 바로잡는 계기를 제공하는, 퍽 유익한 미루기 증상도 있다. 예를 들어 영국의 생물학자 찰스 다윈Charles Darwin은 의학 공부를 미루고 열정을 따른 끝에 진화론을 내놓게 되었다. 이때 그의 증상은 의학 공부에 집중하지 못하고 미루는 것이었다. 새 상품 주문, 경영 관련 서류 작업, 직원 관리 일은 미루기 일쑤인 사람도 자신이 원하던 건축학 공부와 관련된 전시대 배치, 상점 내부 인테리어에는 탁월한 능력을 발휘할 수 있다. 맡은 일 중에서 어디에 초점을 맞추느냐가 개인의 관심을 증명해주기 때문이다.

성공에 대한 두려움

미루기는 실패나 비난에 대한 두려움, 불안감에 맞서는 방어책이기도 하다. 완벽주의 사고로 말미암아 결코 만족할 만큼 성공을 거두지 못하리라 판단한다면 아예 처음부터 대충 해치우거나 다른 일을 해버리는 식의 미루기가 나타날 수 있다. 실패에 대한 두려움에 초점을 맞추게 되면 완벽주의 사고라는 근본 메커니즘은 아예 보지 못하고 지나칠 수도 있다. 성공에 대한 두려움도 실패 불안의 또 다른 형태이다. 이는 성공하면 압박감이 더욱 커지리라 두려워하는 것으로 실패 불안과 동일한 영향을 미친다. 이 경우 미래의 위험을 감내하기보다 차라리 현재 일을 미루는 편이 쉬워진다. 다른 방식의 처리도 가능하다. 평가받을 것이 두렵다는 생각을 아예 밀어내버리고 다른 보호조치를 강구하는 것이다. 이는 개념적 미루기가 된다.

미루기는 각 증상의 원인별로 공략해 통제할 수 있다. 하지만 이미 자동화된 미루는 습관은 계속 유지될 것이고, 미루기를 향한 자동화된 충동도 그대로 남아 있게 될 것이다.

습관은 그 어떤 유익한 목표에도 기여하지 못하면서 맹목적으로 작동한다. 따라서 자동화된 미루기 습관에 대처하려면 미루기 극복 전략을 강하게 밀어붙여 자동화의 힘을 줄여야 한다.

미루기는 복합적 문제인 경우가 대부분이다. 증상, 방어책, 문제 습관의 세 가지 범주는 미루기 행동을 바라보는 기본적인 분류의 틀로 유용하다. 복합적 미루기를 제대로 평가해야 유용한 변화의 전략이 나올 수 있다. 미루기의 내재적 메커니즘을 공략할 작정이라면 그 문제에 들어맞는 올바른 방법으로 효과적인 행동을 취해야 한다.

미루기는 여러 가지 원인에서 비롯되며 유형 또한 다양하다. 자신의 미루기 유형이 무엇인지를 알아야 올바른 교정 방법을 적용할 수 있으며, 효과 역시 커진다. 또 어떤 행동을 교정 목표로 삼을지 신중하게 접근할수록 막다른 길에 빠지거나 개입에 실패해 시간을 낭비할 가능성이 줄어든다. 편안한 의자에 앉아 어린 시절의 미루기 경험을 자유연상으로 떠올려 분석하는 것은 별로 도움이 되지 못한다. 다음 표에는 미루기 유형과 교정 행동의 사례가 나와 있다.

미루기 유형은 상황의 맥락에 따라 다르게 나타나고 조금씩 변형되기도 한다. 하지만 기본적인 과정은 규명 가능하다. 그 기본 과정을 이해하고 나면 다양한 맥락과 유형을 넘어서서 미루는 습관에 접근할 수 있는 요령이 생겨날 것이다.

| 미루기 유형과 교정 행동 |

미루기 유형	교정을 위한 인식과 행동 모델
행동적 미루기 행동을 계획하고 조직하여 시작했다가 기대했던 결과를 얻기 전에 일찍 그만두는 것이다. 예를 들어 시작했다가 관둬버린 취미생활과 관련된 물품 수십 가지가 창고를 가득 채우는 경우, 새로운 마케팅 기회를 찾기 위한 프로젝트를 여러 개 시작했으나 후속 단계가 없는 경우가 그렇다.	인식: 프로젝트를 시작했다가 끝내지 않고 그만두는 편인가? 어떤 일에서 그런가? 어디서 어떻게 왜 그만두는가? 행동: 시작하여 끝까지 해낼 가능성이 높아 보이는 일 두 가지를 선택하라. 위험 지점을 극복할 계획을 수립하라. 계획을 실행하면서 중단하고 싶은 충동을 극복하라.
건강 미루기 건강을 위한 선택을 했으나 실행하거나 유지하지 못하는 것이다. 업무와 개인생활 모두에 심각한 해악을 미칠 수 있다. 관상동맥 우회수술을 받은 환자 중 절반 정도가 3년 이내에 약 복용을 중단하고 예전 생활방식으로 돌아간다고 한다. 과체중은 건강을 위협한다. 최고의 항우울증제는 운동이지만 실제로 운동하는 우울증 환자는 많지 않다.	인식: 정기적인 신체검진이나 치아검사, 규칙적인 운동, 건강한 식생활을 하지 않고 있는가? 건강을 위한 선택을 미루는 자신에게 무슨 말을 하고 싶은가? 행동: 건강 유지 행동이 어째서 필요한지 생각하라. 건강 미루기를 극복하기 위한 생산적인 행동 세 가지를 정하라. 언제 시작할지 결정하라.
저항 미루기 권리, 편안함, 특혜를 잃어버리지 않으려는 저항 형태이다. 자유를 위협 받는다고 느끼면 저항적으로 사고하고 행동하게 된다. 예를 들어 술을 덜 마시라는 조언에 저항하는 식이다. 또 데드라인이 취미활동과 겹치면 어떻게든 기한을 연장하려 한다. 매일 아이스크림 먹는 것을 낙으로 여기며 체중감량을 위해 아이스크림을 끊으라는 의사의 권고를 무시하기도 한다.	인식: 건강에 해로운 어떤 즐거움을 위해 유익한 변화에 저항하고 있는가? 행동: 간단하게 장기적 손익 분석을 해보라. 유해한 습관을 계속할 경우 장기적 이익은 무엇인지, 장기적 손해는 무엇인지 살펴보라.

변화 미루기 변화를 거부하는 것이다. 불확실성이 크거나 익숙하지 않은 일, 자존심이 개입되는 경우에 나타난다. 변화 미루기는 저항 미루기와 중복될 수도 있다. 하나를 위해 다른 것을 포기해야 하거나 변화 자체가 포기로 여겨질 경우 그렇다.	인식: 어떤 상황에서 불확실성이 싫어 물러서게 되는가? 미루기를 정당화하기 위해 어떤 말을 하는가? 행동: 변화는 피할 수 없다. 변화하면 좋을 것을 알면서 물러서게 되는 일 세 가지를 선택하라. 그 변화를 이끌어낼 수 있을 것으로 보이는 기법 세 가지를 이 책에서 찾아보라.
출발 미루기 약속, 회의, 모임 등에 습관적으로 늦게 나타나는 것이다. 출발해야 할 시간이 되면 괜히 전화를 걸거나 샤워를 하고 잃어버린 서류를 찾는 등 다른 일을 처리한다.	인식: 습관적으로 출발을 늦게 하는 이유가 무엇인가? 전에 그랬기 때문에 같은 행동을 반복하는 건 아닌가? 행동: 지각 습관을 바꿔야 하는 계기를 찾아라. 제시간에 출발하기 위한 단계별 행동을 정리하라. 그 정리 메모나 녹음자료를 떠나기 한 시간 전에 확인하라.
학습 미루기 공부와 학습을 미루는 것이다. 직장, 학교, 가정 등 어디에서나 나타날 수 있는 복잡한 미루기 유형이다. 큰맘 먹고 사다 놓은 건물 배관 관련 서적이 먼지를 뒤집어쓴 지 얼마나 되었는가?	인식: 공부로 지식을 늘림으로써 얻게 될 가장 큰 이익이 무엇인가? 무엇이 배움을 방해하는가? 행동: 가능한 한 자주 학습 정보를 구하라. 그 정보를 구체적이고 실행 가능하게 만들어라. 공부를 시작하려 할 때 미루기 충동, 사고, 행동에 대처할 방법 세 가지를 메모지에 적어라.
맹세 미루기 자신에게 약속한 것을 제대로 실행하지 못하고 미루는 것이다. 새해맞이 맹세를 하고 지키지 않는 것이 대표적이다.	인식: 스스로 맹세했던 중요한 변화는 무엇이었나? 유익한 행동을 하지 않는 것에 대해 어떤 변명을 했나? 행동: 1은 진실, 5는 왜곡과 오해를 나타내는 5점 척도를 만들어 자신의 변명이 어디에 위치하는지 확인하라. 변명이 무의미하다는 점이 드러나면 구체적인 행동 계획을 세워라.

분주함으로 미루기 쓸데없는 일들로 시간을 써버리는 것, 바빠 보이지만 생산적인 결과는 거의 나오지 않는 상태를 말한다. 스스로는 바쁘다고 불평이 많은데 바로 그것이 문제이다. 바쁘기만 하고 왜 바쁜지 모르는 것이다.	인식: 계속 바쁜 일을 처리하는데도 제자리를 맴돈다고 느끼는가? 그 분주함의 이유를 무엇이라 설명할 수 있는가? 행동: 분주한 상태를 돌이켜보고 세 가지 특징을 잡아내라. 분주한 것이 곧 생산적인 것이라고 믿고 있지는 않은가? 실제적인 성취를 목표로 삼아라. 분주하게 만드는 사소한 일들을 무시하라. 하루에 한 시간은 가장 도전적이고 생산적인 일에 투자하라.
반감 회피 미루기 갈등을 피하고 비난받을 상황을 만들지 않으려는 안전 지향 습관이다. 비난 회피 미루기와 동시에 나타나기도 한다. 자기보호라는 특성은 공통적이다. 하지만 불인정을 회피하기란 실질적으로 불가능하다. 그리고 이로 인한 기회비용의 상실은 무척 크다.	인식: 남들과 잘 지내길 바라는 것은 정상적인 행동이다. 하지만 어떤 대가를 치르든 인정을 받고 싶어 지나치게 물러서지는 않는가? 자기 권리를 내세우지 못하면서 설득 전략을 향상시키려는 노력은 계속 미루고 있는가? 행동: 대인관계에서 이루고 싶은 바가 무엇인지 생각해보라. 남들과 동등한 위치에 서고 싶다면 미루기 행동에서 벗어나 진정한 자기표현 능력을 키워라.
비난 회피 미루기 비난 문화 속에 살아가는 우리에게 비난과 비난 회피는 큰 관심사이다. 비난 회피 미루기는 비난으로 이어질 상황을 회피하여 잘못이나 실패를 감추려 드는 것이다. 비난 회피 행동에는 타인 비난하기, 빠져나갈 구멍 찾기, 핑계 대기, 잘못 숨기기 등이 있다. 실제로 직장은 비난 회피 행동의 천국이다.	인식: 비난이 책임을 지는 방법이라면 법의 도움이 훨씬 덜 필요했을 것이다. 그럼에도 비난은 조직에서 일반적이고, 비난을 회피하는 최선의 방법은 남들이 미룰 때 앞서 나아가는 것이다. 행동: 업무에서 자신이 잘하는 영역을 찾고 전문가가 되도록 하라. 그러면 비난에 덜 신경 쓸 수 있다. 자기능력 발전에 시간을 투자하면 업무 성과는 높아지고 비난은 줄어든다. 자신을 방어할 필요 없이 자기 위치를 방어하라. 스스로를 무한히 인정하라.

'나중에'라는 환상

1800년대에 처음 출판된 익명 저자의 이야기 《미루기의 어리석음 *The Folly of Procrastination*》을 보면 에드워드와 찰스라는 두 형제가 등장한다. 미루기 대장인 찰스와 달리, 에드워드는 아침 일찍 일을 시작해 일찌감치 끝낸다. 찰스는 학교가 끝나면 책을 옆에 던져두고 "아, 아직 시간은 충분해. 공부는 저녁때 해야겠다"라고 중얼거린 후 놀러 나간다. 저녁때가 되면 잠이 오고, "내일 아침 학교 가기 전에 숙제를 해야지"라고 말하지만, 아침이 오면 또다시 일을 미룬다. 찰스는 정작 시간이 촉박해진 순간에는 뭘 어디서부터 해야 할지 몰라, 부랴부랴 엉터리로 숙제를 하고 학교로 달려가기 일쑤다.

'나중에 하면 돼'라는 마음가짐은 말뿐인 맹세와 같다. 현재의 즐거움을 위해 나중에 대가를 치른다는 사고방식이다. 하지만 그 대가에는 어마어마한 이자가 붙는다.

'나중에'라는 환상은 직장, 가정, 대학 등 미루는 행동이 존재하는 곳 어디에서나 나타난다. 이러한 사고는 시급한 행동에서 주의를 분산시키는 인지적 회피에 해당한다.

언제, 어떤 일과 연결되느냐에 따라 이러한 생각은 카멜레온처럼 모습을 바꾼다. 논문 쓰기를 미루는 교수는 "연구를 조금 더 해야 해"라고 말한다. 회사에서는 "답신해야 할 이메일이 너무 많아서요"라는 말이 나온다. "사람들이 각자 맡은 일을 제대로 안 해줘서 그래"라는 수동적인 변명을 하는 사람도 있다. 그러나 이런 변명은 미루기의 이유를 감추려는 방법일 뿐이다.

미루기가 발동하기 시작하면 자기합리화도 등장한다. '난 쉴 자격이 있어. 일은 나중에 하자'라고 생각하는 것이다. 이런 식의 회피가 계속 이어지면 나중에는 이를 의식조차 못하게 된다.

"내일 하면 돼."

가수이자 배우인 딘 마틴Dean Martin은 '마냐나Mañana('내일'이라는 의미의 스페인어—역자 주)'라는 곡에서 '나중에 하면 돼'의 사고방식을 잘 보여준다. 가사에는 깨진 창문, 물방울이 똑똑 떨어지는 수도꼭지 등 미루는 행동의 결과물이 등장하고 '금방 내일이 올 거야'라는 후렴구가 있다. 미루는 행동의 전형적인 형태를 드러내는 가사이다. 나중에 하면 된다고 생각하기 시작하면 결국 되는 일이 없는 법이다.

미루기는 시급하고 중요한 일을 제쳐두는 정신적 회피이다. 이러한 사고는 조금씩 다른 양상을 보일 수 있지만 핵심은 언제나 같다. '조금 더 생각해봐야 해'라든지, '낮잠을 자고 좀 쉰 다음에 해야지'라는 생각은 미루기가 발동하기 시작했다는 신호이다. 피곤하여 집중하기 어려울 때 낮잠 자기는 좋은 대안일 수 있다. 하지만 기회만 있으면 자리에서 일어나 친구와 수다를 떨고 만다면 그 의도에 대해 의심을 해볼 필요가 있다.

'내일'이라는 덫은 매우 정교해서, 미루기를 다른 차원으로 확대시키기도 한다. 가령 다른 일이 먼저 해결되어야 이 일을 할 수 있다는 식으로 생각하고는 과정 전체를 미뤄버리는 식이다. 이는 몇 가지 일을 연결시킨 뒤 한꺼번에 미루는 방식으로 나타난다.

MBA 학위를 받고 싶다고 가정해보자. 학위를 수여받을 경우의 이점은 분명하다. 업무에 필요한 지식도 얻고 직위도 높아질 것이며 연봉도 오르게 된다. 하지만 누군가는 우선 가능한 MBA 프로그램 모두에 대해 정보를 수집하고 살펴보아야 한다고 생각한다. 그리고 정보 수집을 다음으로 미룬다. 정보가 있다 해도 살펴보는 일을 미룬다. 이는 미루기의 대표적인 사례라고 할 수 있다. 그러다가 새로운 계획이 떠오르면 MBA에 대해서는 아예 잊고 만다.

또 다른 형태의 연결 미루기는 마음이 내키고 동기부여가 되어야 일을 할 수 있다는 생각에서 비롯된다. 이 경우, 막다른 상황에 처하지 않는 한 마음이 내킬 때까지 일을 하염없이 미루고 만다.

결정적인 영감의 순간이 오기를 기다리는 감정적인 유형의 연결 미루기도 있다. 업무 순서를 정할 때 영감을 기다리는 전문가가 과연 있을까? 영감을 받고 일한다면 물론 좋을 것이다. 하지만 감정적으로 최고의 상태가 찾아와주기만을 기다리면서 일을 미룬다면 문제가 있다. 물론 문제를 충분히 통제할 수 있기 때문에 부정적인 상황에 휘둘리지 않은 채 상쾌하게 일처리를 끝내는 경우도 가끔은 있다. 영감이 떠올라야 한다는 주장이 전혀 터무니없지는 않은 셈이다. 그런데 그런 영감의 순간이 대체 언제 온다는 말인가?

회피하고 회피하고 또 회피하는 것

혹자는 미루는 버릇에서 벗어나려면 먼저 그렇게 하는 이유부터 알아야 한다고 생각한다. 뿌리를 알지 못하면 같은 행동을 반복할 수밖에 없다고 여기는 것이다. 그래서 자신의 내면 속 심리를 탐사해야 미루는 습관에서 완전한 자유를 얻는다고 주장한다. 그러나 이렇게 되면 미루는 행동에 대한 영원한 핑계가 마련되고 만다.

심리의 뿌리 캐기는 얼핏 보면 자아에 대한 심오한 질문의 답을 찾는 철학적 과정처럼 여겨진다. 하지만 그 목적은 다른 미루기와 똑같다. 회피하고 회피하고, 또 회피하는 것이다.

불완전하고 오류가 많은 기억을 통해 무의식의 영역을 탐색하고 이를 통해 미루기를 해결하겠다는 주장은 설득력이 없다. 오늘 당장 드러나는 미루기 행동을 이해하는 편이 오히려 더욱 생산적이다. 미루기의 사고방식을 인식하면 그 방식을 바꾸고, 당장 중요한 일을 해낼 수 있는 가능성이 열린다.

'안 되는 이유 찾기'라는 덫

'안 되는 이유 찾기' 혹은 '자기열등화 전략self-handicapping strategy'은 심리학자 에드윈 존스Edwin Jones와 스티븐 버글러스Steven Berglas가 만든 개념으로, 자신 없는 과업을 처리하면서 자아존중감을 높이는 인지적 전략을 말한다. 안 되는 이유 찾기 전략은 미루기 행동에서 중요한 역할을 한다. 통제 불가능한 장애물을 비난의 대상으로 삼음으로써 실패하거나 기준에 미달했을 때 체면을 세울 수 있기 때문이다. 참으로 대단한 자기보호 형태가 아닐 수 없다. 하지만 대가가 없는 것은 아니다. 이를 위해 흔히 치르게 되는 대가는 미루기와 평범화이다.

안 되는 이유 찾기 전략이 미루기를 낳는 과정을 살펴보자. 먼저 자금 사정이 좋지 않으므로 회사가 조달 받는 물품 가격을 다시 협상하라는 상사의 지시가 떨어진다. 재협상을 통해 비용을 낮춰 수익성과 경쟁력을 높이자는 것이다. 시장 점유율 또한 높일 기회이다.

하지만 부하직원의 생각은 다르다. 어떻게 시도해볼 수는 있겠지만 전망은 밝지 않다. 가격 재협상에 실패할 경우 능력을 의심받을 상황이므로 이 직원은 상사가 비현실적인 계획을 세웠다고 말하며 돌아다닌다. 결국 자기방어적 주장을 내세우며 직원은 회의 날짜를 잡는 것도, 협상 준비를 하는 것도 게을리 하고 결국 예상대로 가격 재협상에 실패한다. 상사가 비현실적이라는 주장은 한층 강화된다.

기업이나 조직에서 이런 행동은 흔히 볼 수 있다. 동료들이 더 유능했다면, 자금이 충분했다면, 상사가 적극적으로 도와줬다면, 하루가 더 길었다면 제때 일을 마칠 수 있었다고 주장하는 것이다. 이유는 무수히 많다. 업무규칙 운운하는 것은 일종의 회피이다. 다른 사람들이 제대로 역할을 못했으며, 필요한 물품이 제때 들어오지 않았고, 컴퓨터가 말썽을 부렸고, 컨설턴트가 업무 시스템을 엉망으로 만들었다는 등의 변명도 모두 마찬가지다. 승진 기회를 놓고 동료와 경쟁하는 입장이었다면 일이 안 될 이유를 찾으며 먼저 무릎을 꿇었겠는가?

이성적인 인간이 어째서 의식적, 무의식적으로 일이 안 되는 이유를 찾으며 성과의 생산성을 낮추는 것일까? 아마도 남들을 실망시키고 그로 인해 반감을 살지 모른다는 사회적 불안과 두려움, 이미지 관리, 편의주의(긴장을 피하거나 최소화하는 신속한 방법 찾기)가 원인일 것이다.

안 되는 이유 찾기라는 덫을 풀어버리는 것은 어렵지 않다. '실패는 없다'라는 사고방식을 떠올리며 다음 질문들을 던지면 된다.

- **첫 단계를 밟는 데 동원할 수 있는 개인적 자원은 무엇인가?**
  자신의 생각에 대해 생각해보라. 상황이 어렵고 복잡하고 불가능하다고 지레 단정하고 미루려는 것은 아닌가? 만약 그렇다면 그 사고 과정에 변화를 주어야 한다. 첫째, 무엇 때문에 그 일이 너무 어렵다고 생각했는지 묻고 답해보라. 짐작과 가정으로부터 사실을 분리해내라. 중국 철학자 노자老子는 천리 길도 한 걸음에서 시작된다고 하였다.

- **안 되는 이유 찾기는 당신에 세운 장기적 목표와 어긋나지 않는가?**
어긋난다면 무엇을 바꿔야 하는가? 또다시 안 될 이유를 찾는 상황이 발생한다면 어떻게 대처하겠는가? 만약 안 되는 이유를 찾으면서 지속적으로 나타나는 미루기 사고방식을 교정해야 한다고 인식한다면, 그 미루기 형태를 이미 시험대에 올린 셈이다.

- **안 되는 이유 찾기 유형을 인식하는 것만으로 미루는 습관을 해결할 수 있는가?**
인식은 출발점일 뿐이다. 안 되는 이유 찾기를 당장 해치우기 사고 및 행동과 대조시킨다면 발전이 가능할 것이다. 당장 해치운다는 생산적 사고를 어떻게 만들고 뒷받침할 것인가는 2부 뒷부분에서 소개하겠다.

가상적 사고를 활용하라

가상적 사고counterfactual thinking는 실제로는 일어나지 않았지만 만약 달리 행동했다면 일어났을 수도 있었던 일을 생각하는 것이다. 그 한 가지 형태로 상향식 가상적 사고가 있다. 더 좋은 결과를 얻으려면 어떻게 했어야 했는지에 대한 사고이다. 이것은 자기비난으로 확장될 수도 있지만 미래 계획 수립에 유용한 정보가 되기도 한다. 상향식과는 정반대인 하향식 가상적 사고도 있다. 이는 어떤 행동을 하지 않았다면 얼마나 상황이 나빠졌을까를 생각하는 사고방식이다.

상향식 사고 Vs. 하향식 사고

상향식 가상적 사고는 자칫 잘못하면 사람을 의기소침하게 만들 수 있다. 과거, 현재, 미래의 어떤 실수도 용납하지 못한다는 식의 가상적 사고는 가히 재앙이나 다름없다. 그때 이렇게 했어야 했다고 스스로를 책망하며 후회에만 빠지는 역기능이 나타날 수 있다. 하향식 가상적 사고는 사건에서 거리를 두게 한다는 점, 또한 더 나쁜 상황이 빚어지지 않았다는 것에 안도하게 만든다는 점에서 유익한 측면이 있다.

실제로 상향식보다는 하향식으로 가정하는 편이 성취감을 더욱 증폭시킨다. 예를 들어 올림픽 은메달리스트들은 금메달을 딸 수도 있었으리라는 생각에 사로잡힐 수 있지만 동메달리스트들은 4위가 아닌 3위라는 것을 행운으로 여기는 편이다. 하향식 가상적 사고는 이렇게 체면을 지키는 데 도움이 된다.

상향식 가상적 사고는 불안 상황에서 극심한 미루기 행동을 낳을 수 있다. 그리하여 가상적 사고가 안 되는 이유 찾기 사고와 결합되면 미루기가 정당화되면서 자존감이 향상된다. 미루기의 결과로 실적이 나오지 않은 경우 이미지 보호 장치가 두 가지로 작동한다. "미루지 않고 제대로 프레젠테이션을 준비했다면 문제없이 승진했을 거야"라는 식이다. 이런 식의 결합이 좋은 결과를 낼 가능성은 당연히 낮다.

상향식 가상적 사고는 상황에 따라 서로 다른 영향력을 발휘한다. 다음번에도 제대로 행동하지 못할 것이라 생각하는 경우라면 가상적 사고가 우울한 것이 되겠지만, 다음번에는 어떻게 더 잘할 수 있을지 생각하고 행동 계획을 세울 수도 있다. 예를 들면 다음과 같은 것들을 염두에 둘 만하다.

- 1세기 로마 황제 마르쿠스 아우렐리우스Marcus Aurelius는 "과거는 지나갔고 미래는 불확실하다"라고 말했다. 이 말에 따르면 지나간 일은 바꾸지 못하지만 오늘의 올바른 행동은 긍정적인 미래에 기여하게 된다.
- 상향식 가상적 사고는 극심한 미루기와 연결된다. 하지만 꼭 그런 것은 아니다. 성찰과 계획을 통해 '이랬어야 했어'라고 후회하는 대신 '이렇게 해냈어'라고 할 수 있는 경험을 더 많이 쌓을 수 있다.
- 상향식 가상적 사고를 성찰과 행동 교정으로 전환할 수 있다. 일을 미룬 다음 '이랬어야 했어'라는 사고가 따라온다면 새로운 가상적 사고 미루기 극복 전략을 수립하라. 이루고 싶은 일이 무엇인가? 발전하기 위해 어떤 단계를 밟을 수 있는가? 언제 실행할 것인가? 결과를 어떻게 평가할 것인가? 계획을 언제 조정해야 할지는 어떻게 알 수 있는가?
- 최고의 분석과 계획으로 무장했다 해도 행동으로 옮기지 않으면 정신적 즐거움 이상의 보상을 얻을 수 없다. 미루기 행동을 벗어나기 위한 노력에서 어떻게 미루기가 장애요소로 등장하는가? 당신은 정신적, 행동적 회피를 피하기 위해 어떤 준비를 하고 있는가?

미루기 사고방식은 자동화된 습관이다. 하지만 그 자동화된 미루는 습관을 인식하고 나면 이로부터 벗어날 가능성이 생긴다. 자동화된 미루기 사고방식을 극복하려면 어떻게 생각해야 할까? 1) 먼저 생각을 모니터하고, 2) 정신적 회피를 인식하고, 3) 의문을 제기하고, 4) 노력을 계속하도록 자신을 북돋아주어야 한다.

가장 효과적인 질문

미국의 심리학자 앨버트 엘리스Albert Ellis는 에픽테토스Epictetus의 철학에서 핵심 원칙을 끌어내 강력한 인지정서행동치료법REBT: Rational Emotive Behavioral Therapy을 개발했다. 이는 스트레스 줄이기, 행복감 높이기, 미루는 습관 극복하기 등에 적용 가능한 치료법으로, 인간 본성의 복합성을 잘 반영하여 인지행동적 접근의 토대를 이루고 있다.

'나중에'와 '당장' 사이의 모순, 어떻게 해결할까?

우리도 미루는 사고방식을 공략하는 데 엘리스의 치료법을 빌려올 수 있다. 이 치료법은 미루기에 대한 정보를 조직하는 기본

틀을 마련하고 어떻게 변화를 시도해 미루기 사고방식을 바꿀 것인지 기술하는 방식이다. 기본 모델은 사건-판단-결과-교체-효과의 단계로 되어 있다.

- **사건**: 우선 해결해야 하는 사건이나 과제가 있다. 체중 감량을 위해 좋아하는 간식 포기하기, 이직이나 전직, 어려운 프로젝트 완수하기 등.
- **판단**: 사건에 대한 평가로 무관심에서 긴급 상황까지 다양하다. 비이성적이거나 이성적인 형태로 나타난다. 미루기와 관련된 비이성적인 평가로는 '나중에' 사고가 있다. 이성적인 평가는 '당장 해치우기' 사고가 될 것이다. '나중에'와 '당장' 사이의 모순을 어떻게 해결하는지가 미루기의 길로 갈지 당장 해치우기의 길로 갈지를 결정한다.
- **결과**: 사건에 대한 판단이 낳는 감정적 행동의 결과이다.
- **교체**: 미루기의 사고방식을 버리고 사실에 근거한 다른 판단으로 교체하는 것이다.
- **효과**: 미루기 사고방식에 대해 질문 던지기, 도전하기, 폐기하기 등으로 생겨나는 사회적 · 개인적 · 긍정적 효과이다.

계속해서 미루기에 대해 질문을 던지다 보면 그 사고방식이 덜 자동화된다. 가장 효과적인 질문은 1) 구체적인 답변을 요구하는 상세한 질문(언제, 어디서, 무엇을, 어떻게), 2) 명확한 답변이 뒤따라야 하는 과학적 질문, 3) 하나 이상의 답변이 나오게 하는 개방적 · 탄력적 질문이다. '나중에' 사고에 대해서는 다음과 같은 질문을 던질 수 있다.

- **'나중에 한다'라는 사고:** 지금은 집에 전화부터 걸고 그 다음에 스케줄을 확정하는 것에 대해 생각하겠어.

  질문: 스케줄 확정부터 해두고 집에 전화를 걸면 어떨까?

  답변: 미루는 과정을 끊어버리고 성가신 일 하나를 말끔히 처리하게 되지.
- **'내일 하면 돼'라는 변명:** 주제 연구를 한 다음에 내일부터 업무 스트레스 문제를 해결하겠어.

  질문: 연구를 하면서 스트레스 문제도 해결하려면 어떻게 해야 할까?

  답변: 당장 스트레스 해소를 시도해 그 결과를 다음 연구 주제로 삼으면 돼.

미루기 사고방식에 비판적 사고를 대입하는 것은 네 번째 교체 단계에서 이루어진다.

미루기 사고방식을 인식하고 뿌리 뽑기 위해 던질 수 있는 질문은 무수히 많다. 목표 상황에 대해 어떤 판단을 내리고 있는가? 그 판단은 선입견인가, 아니면 사실에 근거하는가? 그 판단을 뒷받침하는 믿을 만한 증거가 있는가? 그 판단을 가설로 두고 시험해볼 수 있는가? 이들 질문이 현실적인 관점을 강화해주는가?

이미 완성되어 검증을 거친 질문들이 필요하다면 다음 표를 참고하라. 이성적 판단을 위한 여섯 가지 질문이 미루는 습관의 관점과 '당장 해치우기' 전략의 관점으로 나누어져 있다.

이들 질문에 대한 답변을 비교해본다면 미루기 사고방식의 비이성적 측면을 실감할 수 있을 것이다. 잠시 멈춰 성찰하는 행동은 충동적 미루기 반응을 억제해 변화를 가져오는 효과까지 있다.

| 서로 다른 관점에 대한 질문들 |

미루는 습관의 관점

미루기 회피 행동과 사고	네	아니오
1. 현실 상황이나 개인적 가치에 맞는가?		
2. 더 좋은 결과를 가져오는가?		
3. 책임 있는 행동이 요구되는 인간관계에 기여하는가?		
4. 긍정적 감정을 느끼게 하는가?		
5. 건강한 인생 습관에 도움이 되는가?		
6. 상황 변화에 유연하고 개방적인 자세로 대처하게 하는가?		

'당장 해치우기' 전략의 관점

미루기 회피 행동과 사고	네	아니오
1. 현실 상황이나 개인적 가치에 맞는가?		
2. 더 좋은 결과를 가져오는가?		

3. 책임 있는 행동이 요구되는 인간관계에 기여하는가?		
4. 긍정적 감정을 느끼게 하는가?		
5. 건강한 인생 습관에 도움이 되는가?		
6. 상황 변화에 유연하고 개방적인 자세로 대처하게 하는가?		

이제 사건-판단-결과-교체-효과 방법을 통해 '당장 해치우기' 전략의 관점이 미루기 사고방식을 밀어내는 과정을 살펴보자. 앞서 소개했던 제인의 미루기 유형을 기억하는가? 제인은 사건-판단-결과-교체-효과 접근법을 어떻게 사용했을까? 이에 대해서는 다음 페이지에 소개하려 한다.

Review 생각에 대해 생각하라

- 생각에 대해 생각하라. 미루기 사고방식에 꼬리표를 붙여라. 꼬리표는 그 대상이 통제 가능하다는 것을 알려준다.
- '나중에' 사고를 깨뜨림으로써 미루기 사고방식에 변화를 일으켜라.
- '당장 해치우기' 전략에 따라 스스로에게 행동 과제를 부과해 회피 행동의 싹을 잘라버려라.
- 예방적 대처 단계를 밟아 긍정적인 가속도를 유지하라.

삶에서 가장 **중요한 것**

제인의 미루기 유형은 회사의 분기별 회계 분석 보고서 작성이라는 과제를 어렵고 복잡하며 하기 싫은 일로 여기는 데서 시작되었다. 전에도 비슷한 작업을 해보았지만 제인은 회계 분석 보고서를 만들어야 할 때마다 제대로 해낼 수 있을지 걱정이 된다. 그래서 잔디를 깎거나 이웃과 수다를 떠는 식으로 일단 회피한다. 이따 하면 된다고 미루자 마음이 편안해진다. 다른 즐거운 일을 하면서 만족감까지 느낀다.

하지만 그렇게 얻어진 순간적 만족감 뒤에는 더 무거운 스트레스가 뒤따르기 마련이다. 게으른 자신을 꾸짖는 내면의 목소리가 들리기 시작한다. 제인은 그 스트레스가 끔찍하게 싫지만 도저히 벗어날 수 없다고 생각한다.

데드라인이 다가오자 더 이상은 미룰 수 없어 책상에 앉지만 곧 회피 행동을 하고 만다. 막다른 상황이다. 막판에 집중을 해보지만 끝내기에는 어림없다. 결국 사정을 설명하고 데드라인을 연장해 간신히 일을 해낸다. 진작 시작했다면 훨씬 잘 해냈을 것이라 한탄하지만 다음번에도 같은 상황이 반복된다.

자, 그러면 이제부터 제인의 경우를 사건–판단–결과–교체–효과 접근법에 따라 살펴보기로 하자.

미루는 습관은 계속해서 되살아난다

제인의 사건은 회계 분석 보고서 작성 데드라인이 다가오고 있다는 것이다. 제인은 그것을 복잡하고 어려운 일이라 생각한다. 어디서부터 시작해야 할지 몰라 마음의 준비가 되기를 기다리며 걱정만 한다. 완벽해야 하는데 자신이 완벽하게 해낼 수 없을 것 같은 두려움이 엄습한다. 보고서 작성이 공포스럽다. 긴장을 감당하기 어렵다. 이것은 바로 복합적인 미루기 유형이다.

복합적 미루기 유형에 포함된 모든 요소를 동시에 처리하는 것은 불가능하다. 이건 마치 운전하면서 책을 읽으라는 것이나 다름없다. 그러므로 우선 '내일 하면 돼'라는 사고부터 공략하기로 하자. 그녀에게는 1) 자기 안에 존재하는 '나중에' 사고를 인식하고 2) '당장 해치우기' 전략의 관점을 대안으로 도입하며 3) 보고서 작성을 현실적으로 바라보도록 하여 긴장감을 통제하는 과제가 주어졌다.

사건–판단–결과 단계에서 제인은 일을 미룰 때 어떤 일이 일어나는지 파악했다. 그 과정을 거치고 나자 자기 생각을 좀 더 객관적으로 바라볼 수 있게 되었다. 여기서 4단계 교체가 가능해졌다.

제인은 에픽테토스의 평정심 접근법에 따라 자기 판단을 통제했다. 처음에는 사건–판단–결과 접근에 대해 전혀 모르는 상태였기 때문에 미루기 교정 과정의 일부는 교육에 할애하였다. 그 결과 제인은 자신이 배운 내용을 곧바로 가장 심각한 미루기 문제에 적용하는 것이 최고의 학습이라는 점을 깨달았다.

다음 페이지에 나오는 표는 제인이 자신의 미루는 습관 중 '나중에' 사고에 내린 해결책이다.

앨버트 엘리스의 인지정서행동치료 시스템에는 인지, 정서뿐 아니라 행동 과제가 중요하게 포함된다. 이 때문에 '당장 해치우기' 전략과 잘 맞아떨어진다. 행동 과제는 일종의 노출이다. 수행 불안이나 공포를 이기고 자신감을 북돋는 최고의 방법이 바로 노출이기 때문이다. 자신이 충분히 과업을 해낼 수 있다는 것을 확인하고 나면 미루기 습관을 해결하기 위한 과제 수행을 미루지 않게 된다.

다음 표에서 제인이 앞으로의 보고서 작성을 미루지 않기 위해 설정한 과업을 보자. 보고서 작성 후 제인은 자신의 높은 기대와 걱정 등을 감안해 다음 보고서를 준비했다. 훌륭한 보고서를 만들 수 있도록 일찌감치 시작 날짜를 정해두었다. 그리고 원활한 작업 진행을 위해 중간 마감도 설정했다. 최종본은 데드라인보다 먼저 완성되도록 했다. 제인의 상사는 분명 다음번 보고서를 데드라인이 지나기 전에 받게 될 것이다.

| 제인의 사건-판단-결과-교체-효과 접근법 |

사건: 데드라인까지 회계 분석 보고서 작성하기

현실적 판단: 보고서는 시간이 많이 드는 복잡한 일이다. 회계 분석 능력과 글쓰기 능력이 필요하다. 난 분석, 자료 종합, 글쓰기를 잘해낼 수 있는 능력을 갖추고 있다.
(제인이 계속 이렇게 확신했다면 부정적인 판단이나 미루기 습관을 특별히 해결할 필요가 없었을 것이다. 이런 가상적 사고는 미래의 '당장 해치우기' 전략 적용에 도움이 된다.)

현실적 판단을 내릴 경우의 결과: 효율적으로 상황을 처리해 제때 보고서를 완성하게 된다.

미루기를 낳는 판단: 나중에 하면 더 좋은 결과가 나올 것 같다.

미루기를 할 경우의 결과: 잠시 안심했다가는 더 큰 자괴감과 스트레스에 시달리고 나중에 시작하겠다는 다짐을 남발하게 된다. 최후의 순간에 정신없이 일을 해치우려 하다가 결국 데드라인을 연장하게 된다.

미루기를 낳는 판단 교체하기:

질문	답변	'당장 해치우기' 전략
'나중에' 사고는…		
1. 현실에 맞는가?	기만적인 데다 긍정적 수행을 가로막는다.	자기 발전적 행동이다. '실패는 없다' 접근법으로 보고서 작성을 시작해 계속하면 된다.
2. 수행에 도움이 되는가?	건설적인 측면은 거의 없고 고통만 커진다.	작업 시작 시점을 정하고 시간 계획을 준수하며 방해요소를 없애는 식으로 행동을 관리하게 된다.

3. 긍정적 행동에 도움이 되는가?	미루다 보면 다른 사람들도 함께 일을 미루게 된다.	제때 업무를 마친 덕분에 좋은 실적 평가를 받고 월급도 오른다.
4. 폭넓은 감정이 동반되는가?	일이 늦어지면 압박감을 느끼게 되고 몹시 스트레스를 받는다.	스트레스가 없어지지는 않지만 내가 통제할 수 있는 것에 초점을 맞추게 된다.
5. 건강한 인생 습관에 도움이 되는가?	내일 하겠다는 다짐이나 불안감은 비생산적이다.	가장 먼저 해야 할 일, 그 다음으로 해야 할 일 등이 정해져 있다.
6. 상황 변화에 유연하고 개방적인 자세로 대처하게 하는가?	'나중에' 사고는 갇혀서 쳇바퀴 돌리는 느낌을 갖게 한다.	미루기 사고방식을 바꾸기로 선택할 수 있다. 미루기 사고방식의 결과를 예측하고 상황을 통제해 다른 결과를 얻는다.

이러한 접근방식을 따른 결과, 제인은 부정적인 미루기 과정을 성공적으로 통제할 수 있었다. 또한 예방적 대처 행동도 취했다. 다음 보고서 작성 업무가 시작되기 전에 미리 문제 해결 방법과 행동 계획을 마련했던 것이다. 예방적 대처 전략은 효율성과 행복감을 높여준다. 제인도 바로 그런 효과를 얻었다.

당신도 미루기 사고방식을 완벽히 극복할 수 있겠는가? 안타깝게도 미루기라는 불사조는 사고를 통제하고 긍정적인 감정을 유지하며 행동을 계속 조정하지 않는 한 계속해서 되살아날 것이다.

예방책은 간단하다. 가장 시급한 업무를 시작하면서 동시에 미루기 사고방식을 깊숙이 처박아두기 위한 행동을 계속하라는 것이다. 이를 연습할 기회는 충분히 많을 테니 말이다. 나 자신과 자신이 하는 일을 통제하고 있다는 느낌만큼 삶에서 중요한 것은 없다.

새로운 습관이 자리 잡는 과정

미루는 습관을 인식하는 것은 변화 과정의 핵심 단계이다. 이때 변화 과정에 대한 사전 지식을 습득한다면 더욱 유리할 것이다. 어디를 보고 무엇을 핵심 대상으로 삼을지 알 수 있기 때문이다. 지금 당장은 미루는 습관을 건드리고 싶지 않다 해도 그 과정에 대해 이해한다면 이후 미루기 극복 기법들을 시험할 때 도움이 될 것이다.

미루기의 길에서 생산적인 길로 옮겨갈 때 출발점 역할을 할 수 있는 것은 미루기 사고방식, 감정, 행동에 함몰된 관점에서 자기관찰적 문제 해결 관점으로 전환하는 것이다. 자기함몰적일 때는 내면에 집중한다. 자신이 어떻게 느끼는지, 남들에게 자신이 어떻게 보이는지, 자신이 충분히 완벽한지 등에 신경이 쏠려 있다. 그 불안한 생각과 감정에 빠져 있다 보면 생산적인 목표에 초점을 맞추기 어렵다. 그렇게 어물거리는 동안 미루기 사고방식이 자리 잡는다. 내면적 시각이 미루기라는 외면적 행동으로 표현되는 셈이다.

자기관찰 관점은 한층 더 단순하며, 내면에서 현실로 시각을 전환해주는 힘이 있다. 이 관점은 다음과 같은 방법으로 구체화된다.

- 자신의 사고, 감정, 행동을 관찰하고 인식을 점검하기
- 관찰을 바탕으로 증거에 따라 추론하고 결론을 내리는 과학적 접근법 택하기
- 여러 가지 시나리오의 결과 예측하기
- 긍정적 목표 달성을 위해 이성적으로 행동하기
- 미루기 방지 대책을 계획하여 학습하고 이후 새로 학습한 내용을 적용하기

누구나 주어진 상황에 맞춰 자기함몰에서 자기관찰 관점으로 급전환을 이룰 수 있다. 몇 년의 세월이 걸려야 습득되는 기술과 달리 이것은 당장 시작할 수 있다. 물론 점진적인 극복 과정은 평생 동안 계속될 것이다. 하지만 시간이 갈수록 점점 더 간단하고 쉬워진다. 자기관찰 노력이 쌓이면서 '당장 해치우기' 전략을 계속할 수 있는 동기 또한 점점 커지게 된다.

자기관찰의 힘

미루기 일지는 미루기 행동을 할 때 어떤 일이 일어나는지 인식

하기 위한 도구이다. 미루면서 하게 되는 생각, 느낌, 행동을 기록하면 메타인지적 인식이 촉진된다. 다시 말해 자기 생각에 대해 생각하는 능력, 생각, 감정 행동, 결과를 연결시킬 수 있는 능력이 향상되는 것이다. 보다 자유로운 형식이 좋다면 미룰 때 일어나는 일을 이야기처럼 이어서 써내려가도 좋다.

미루고 싶은 충동이 생길 때 생각과 느낌을 기록하기 시작하라. 어떤 회피 행동들을 하는지 적어라. 당장 기록하기 어려운 상황이라면 상황이 허락하는 한 빨리 시간을 내어 가능한 한 구체적으로 기억을 떠올려 적도록 하라.

이 과정에서 생각과 감정, 행동 기록이 똑같이 중요하다는 점을 깨닫게 될 수도 있다. 이를 통해 이후 미루기 상황에 적용할 수 있는 어떤 교훈을 얻었는지 살피길 바란다.

미루기에서 어떤 일이 일어났는지 꼼꼼히 기록하다 보면 미루기 과정을 이해하고 극복해 '당장 해치우기' 전략을 실행할 수 있는 조종석에 앉게 된다. 하지만 이러한 변화는 단번에 일어나기보다는 점진적인 과정을 거쳐 나타난다. 실험을 해야 하고, 자기관찰로 얻어진 새로운 사고, 감정, 행동 방식을 적용할 시간도 필요하다. 새로운 습관은 기존의 미루는 습관과 경쟁을 벌이며 자리잡게 된다. 그러나 일단 변화의 과정에 들어섰다면 갈수록 더 쉽고 간단해질 것이다.

변화는 뚝딱 일어나지 않는다

변화 과정의 다섯 단계는 인식, 행동, 조정, 수용 그리고 실현이다. 이 다섯 단계는 미루는 습관을 고치고 싶어 하는 사람들을 대상으로 진행한 세미나와 상담에서 처음 적용된 바 있다. 전체 과정의 바탕이 되는 것은 자기관찰 관점이다. 이 관점을 통해 미루기 극복 프로그램이 강력한 과정으로 작용하게 된다.

이 다섯 단계는 역동적인 변화 체계로서 각 단계가 상호 영향을 미친다. 단계의 우선순위도 변화한다. 행동 단계가 통찰력 있는 인식을 이끌어낼 수도 있고, 조정 단계에서 모순점을 발견해 현실에 맞춰 적용이 이루어지기도 한다. 수용 단계는 새로운 계획과 행동을 실험함으로써 변화를 용이하게 만든다. 실현 단계에서는 자신의 한계를 발견하고 그 한계를 넓히게 된다. 실현을 통해 깨달은 한계는 자기규제 노력이 어떤 결과를 가져오게 될지 더 잘 인식하도록 해준다.

1단계: 인식

인식은 변화의 첫 단계이다. 미루는 도중에, 또한 '당장 해치우기' 전략에 접근하는 중에 자기 내면과 주위에서 어떤 일이 일어나는지 파악할 수 있도록 의식적으로 관점을 날카롭게 만드는 것이다. 그리고 자기함몰에서 자기관찰 관점으로 전환하는 방법을 적용하게 된다. 그리하여 자기 생각에 대해 점검하고 자신에게 맞는 목표를 수립한다. 미루는 행동을 줄이고 생산적 행동을 늘리도록 스스로 행동을 통제함으로써 생산적 자기 발전을 꾀한다.

: 변화를 향한 긍정적 행동

상황에 따른 미루기 행동을 추적하고 기록하라. 무엇이 공통적이고 무엇이 다른지 찾아내라. 당장 해치우는 행동과 미루는 행동이 연결되는 지점들을 밝혀라. 성취된 결과의 유형과 정도도 여기에 포함될 것이다. 다음 질문을 스스로에게 던져보자.

- 당장 해치우기 행동을 할 때 어떤 스트레스를 경험하는가? (이는 생산적인productive 스트레스, 'p-스트레스'라 부른다.)
- 시급하고 중요한 일을 미루면서 어떤 스트레스를 경험하는가?(이는 정신적 괴로움distress을 동반하므로 'd-스트레스'라 부른다.)

2단계: 행동

행동은 변화를 위한 실험 단계이다. 아이디어를 실제로 적용해 보고 긍정적 결과가 나오는지 살피는 것이다. 아이디어를 현실화한다는 점에서 한발 내딛는 셈이다. 운전 기술을 가르쳐주는 책을 아무리 열심히 읽었다 해도 직접 운전대를 잡아야 실제 학습이 시작되지 않는가. 연습과 경험이 쌓이면서 점점 능숙한 운전자가 되는 것이다.

미루는 습관을 극복하는 것도 마찬가지다. 완벽하게 생산적인 사람으로 거듭나지는 못해도 누구나 자기학습과 발전에 능숙한 사람으로 변모할 수 있다. 구체적인 행동을 개시함으로써 생산적 변화의 토대가 열릴 것이다.

⁝ 변화를 향한 긍정적 행동

변화의 다섯 단계에서 첫 번째는 인식이다. 하지만 꼭 인식 단계부터 시작해야 하는 것은 아니다. 우연한 발견을 통한 행동이 얼마든지 새로운 인식을 끌어낼 수 있다. 변화 과정에 들어서는 것은 어떤 지점에서든 가능하다. '당장 해치우기' 전략을 실험하면서 변화의 주체인 자신에 대해 학습할 수도 있다. 1부에서 소개했던 '실패는 없다'라는 사고방식을 발전시켜 행동을 가설로 인식하면 어떨까? 과학자처럼 행동들 하나하나를 실험하여 원하는 결과가 나오는지 점검하는 것이다.

- 미루는 습관을 극복하고 변화하기 위해 각 단계를 밟아나가겠다고 스스로에게 약속하라. 회피 충동을 따르는 대신 5분 동안 그 충동을 관찰하라. 관찰 결과로 무엇을 배웠는가?
- 5분 동안 충동을 관찰한 뒤에는 당장 해치우기 단계에 돌입하라. 어떤 일이 일어났는가? 무엇을 배웠는가?

3단계: 조정

조정은 인식의 통합 단계이다. 전체 5단계 중 내가 가장 좋아하는 단계이기도 하다. 여기서는 미루기 관점과 생산적 관점 사이의 병렬, 불일치, 모순이 중요하다. 예를 들어 내일 하면 된다는 생각과 당장 해치우자는 생각 사이에는 여러 가지 모순점이 있다. 지금 당장 내일 해치울 수는 없지 않은가.

: 변화를 향한 긍정적 행동

새로운 사고, 감정, 행동 방식을 조정하려면 우선 테스트가 필요하다. 우리 두뇌가 새로운 사고, 감정, 행동에 적응하려면 한동안 시간이 필요한 것이다.

- 미루기와 당장 해치우기를 비교하라. 나중에 하면 된다는 생각에서 얻은 것은 무엇인가? 당장 해치우기 전략을 실행함으

로써 얻은 것은 무엇인가? 현실은 그렇지 않은데도 나중에 하면 된다는 생각이 그토록 매력적인 이유는 무엇인가?

- 미루는 행동을 바꿈으로써 생산적 목표를 위한 노력이 절감되었는가? 생산적 목표에는 미루기 과정을 관찰하고 그 취약점을 찾아내는 과정이 포함되는가?
- 미루기를 뒷받침하던 불평을 긍정적인 목표 쪽으로 전환시킬 수 있는가? 예를 들어 "내가 하기엔 너무 복잡해"라는 불평을 "1단계는 내가 해낼 수 있어"라고 변화시켜보자. 처음에는 너무 복잡하게 보였던 일도 첫걸음을 떼고 나면 다르게 보일 것이다. 이것이 미루기의 역설이다.
- 긴박해야 일이 잘 된다고 믿는다면 최후의 순간까지 그 일을 미뤄보는 것은 어떤가? 막판의 긴장이 있어야 한다는 생각과 두 번 다시 그런 감정적 고통을 겪지 않겠다는 다짐은 병행하기 어렵지 않은가?
- 미루기 역설을 통해 무엇을 배웠는가? 긴박해야 일이 잘 된다고 하면서도 다음번에는 조금 더 일찍 시작해 현명하게 처리하고 싶어 하는 것이 그 역설이다. 긴박해야 일이 잘 된다고 하는 건 거짓말이다. 긴박감을 느껴야 일을 시작할 가능성이 높아질 뿐이다.

4단계: 수용

수용은 현실을 자신이 바라는 대로가 아니라 있는 그대로 받아들이는 변화 단계이다. 수용은 인내심을 갖게 하고 비난과 의혹, 두려움에 소모되었던 에너지를 절약해준다. 또한 수용은 인지적인 활동이지만 변화 과정에 감정적으로 통합되는 것이기도 하다.

이 단계에서는 진정시키는 효과를 가져올 수 있을 뿐만 아니라 긍정적인 에너지도 높일 수 있다. 자신이 얼마나 성장하고 뻗어갈 수 있는가를 궁금해하고 실험할 때라면 더욱 그렇다.

: 변화를 향한 긍정적 행동

수용은 다양성에 대한 인식을 포함한다. 삶의 어떤 부분이 잘 굴러가고 있고, 거기에 당신은 어떻게 기여했는가? 삶의 어떤 부분에서 제대로 행동이 통제되지 않는다고 느끼는가? 그 상태를 그대로 수용하면서도 생산적인 행동을 모색할 수 있는가? 다음 세 가지 질문을 다시 던져보라.

- 미루는 습관이 있다면 그 사실을 인정하라. 변화를 결심한 지금, 현재 상태를 바꾸기 위해 무엇을 해야 할까?
- 당신은 서로 다른 상황에 계속 적응해야 하는 다원적 세상에 살고 있는가, 아니면 체계적인 단계적 접근과 시간 계획으로 모든 어려움이 극복되는 세상에 살고 있는가? 둘 사이에 공

통점이 있는가?

- 변화에 감정적으로 통합되는 단계에서 무엇을 배웠는가?

5단계: 실현

실현은 끝없이 펼쳐진 바다 혹은 산 정상에서 느끼는 것과 비슷한 신비로운 과정이다. 불교에서 말하는 무욕 상태일 수도 있다. 시간과 공간, 문화를 초월해 모든 인간에게 연결되어 있다는 개념적 · 감정적 상태이기도 하다. 실현은 가진 능력과 자원을 한껏 활용해 의미 있고 중요한 영역에서 큰 변화를 이루어내는 것이다.

: 변화를 향한 긍정적 행동

실현은 과정을 끝까지 다 밟아나가야 가능한 단계이다. 가치 있는 목표를 성취할 수 있도록 한계를 확장하기 위해서는 어떤 행동이 필요한가? 다음 질문들을 스스로에게 던져보라.

- 삶의 다른 측면에서 효과를 발휘했던 아이디어나 행동 중에서 미루기 문제에 적용할 수 있는 것은 무엇인가?
- 아이디어와 행동을 조직하고 통제하는 것이 성취에 도움이 되는가?
- 실현을 향해 한계를 극복하는 과정에서 자신에 대해 무엇을

새로 알게 되었는가?

변화가 단번에 이루어지는 경우도 있다. 성형수술을 받거나 휴가를 떠나는 것 같은 변화가 그렇다. 반면 시간이 필요하고 과거의 습관을 물리칠 전략과 과정이 요구되는 변화도 있다.

미루기 유형에서 생산적 유형으로 바뀌는 변화는 뚝딱 일어나지 않는다. 미루기 사고방식, 감정, 행동에서 벗어나려면 그 비이성을 반박할 이성을 동원해야 하고, 회피 충동에 쉽사리 굴복하지 않도록 긴장을 참아내는 능력도 키워야 한다. 또 회피 행동 대신 생산적 행동을 선택하는 행동 유형이 확립되어야 한다.

그러나 이 과정을 거치며 연습에 연습을 거듭하다 보면 어느새 자동적으로 생산적 목표에 노력을 기울이고 있는 자신을 발견할 것이다. 변화의 다섯 단계를 또 다른 영역들에 확대 적용할 수도 있을 것이다.

프랑스 철학자이자 교육학자인 쥘 페이요Jules Payot는 '대다수 사람들의 목적은 생각을 최소화하며 인생을 살아내는 것이다'라고 하였다. 이런 대다수 사람들과 달리 살고 싶다면 자발적인 변화를 시작하길 권한다. 또한 능력을 확장시키고 한계를 넓혀 미루는 습관을 극복하길 바란다.

실제로 개인적 변화를 위해 자발적으로 행동을 개시하는 것은 참으로 어려운 일이다. 명확한 출발점도 없고 평생 지속되는 과정인 만큼 데드라인도 없다. 자기관찰을 위한 노력도 필요하다.

하지만 지금까지 살면서 노력 없이 얻은 것이 과연 얼마나 있었는가?

컬럼비아대학교 교수이자 신화학자인 조셉 캠벨Joseph Campbell은 전설이나 신화 속 영웅 이야기에서 변화 과정을 찾아내기도 한다. 이를테면 이야기 속의 영웅은 도전 상황이 생기면 동맹자로부터 정보를 제공받아, 그 지식을 적용할 방법을 찾는 구조를 통해 변화를 실현한다는 것이다. 자, 당신도 영웅처럼 도전을 받아들일 준비가 되었는가?

Review 변화를 실행하기 전에 점검하라

- 미루는 습관을 단계별로 해체하여 하나씩 공략하기
- '당장 해치우기' 전략을 꾸준히 계속해 자동화 수준으로 끌어올리기
- '당장 해치우기' 전략의 가능성에 주의를 집중하면서 조건 바꿔가기
- 회피 행동을 버리고 제일 중요하고 시급한 일을 하기
- 경험을 통해 자신이 잘해낸 것, 반복할 수 있는 것을 찾기
- 새로운 생산적 목표를 향해 다음을 위한 '당장 해치우기' 전략 수립하기

■ ■

불안, 두려움, 불쾌한 감정에 대응하는 감정 근육을 키워두면 미루는 습관을 극복할 수 있을 뿐 아니라 인생에서 마주치는 긴장, 압박, 공포를 이겨내게 된다. 장기적 수확을 위해 단기적 보상을 포기하는 법도 익힐 수 있다. 인생을 굉장하거나 끔찍한 것으로 보지 않고 있는 그대로 받아들이게 된다. 긴장을 받아들이려는 의지가 결국 견뎌내야 할 긴장을 줄여주는 역설도 경험할 것이다. 긴장으로 인한 미루는 습관이 더 이상 당신을 방해하게 하지 않으면서 더 많은 기회를 누릴 수 있다.

제3부

감정 근육을 키우는 방법
: 정서적 접근

인생은 굉장하지도 끔찍하지도 않다

2부에서는 미루기의 인지적 요소를 다루었다. 이제 정서적 측면으로 넘어가보자. 과업을 마주했을 때 불안감을 느끼고 회피했던 경험이 있는가? 예를 들어 직원들의 업무능력을 평가해야 하는데 낮은 점수를 받은 직원이 항의할 것이 두려워 평가를 미루고 미뤘던 일은?

미루는 습관에서 벗어나려면 정신력과 회복력, 다시 말해 이 모두를 갖춘 '감정 근육'이 필요하다. 생산적 목표에서 후퇴하려는 감정적 충동을 통제하려면 연습과 훈련이 필요하다. 이러한 노력은 건설적이다. 이를 통해 긍정적인 감정 능력이 갖춰지며, 의미 있고 생산적인 노력을 기울이는 것이 가능해지기 때문이다.

불안, 두려움, 불쾌한 감정에 대응하는 감정 근육을 키워두면 미루는 습관을 극복할 수 있을 뿐 아니라 인생에서 마주치는 긴장, 압박, 공포를 이겨낼 수 있게 된다. 장기적 수확을 위해 단기적 보상을 포기하는 법도 익힐 수 있다. 인생을 굉장하거나 끔찍한 것으로 보지 않고 있는 그대로 받아들이게 된다. 긴장을 받아들이려는 의지가 결국 견뎌내야 할 긴장을 줄여주는 역설도 경험할 것이다. 긴장으로 인한 미루는 습관이 더 이상 당신을 방해하게 하지 않으면서 더 많은 기회를 누릴 수 있다. 그 기회의 문에는 생산적 선택이 놓여 있다.

의지만으로는 안 된다

감정 근육을 키우는 방법은 다양하다. 먼저 감정 근육 발전에서 기본이 되는 세 가지 단계를 말하자면 다음과 같다.

- 1단계: 받아들임으로써 인내심을 키운다.
- 2단계: 자아를 위협하는 불편한 요소를 긍정적인 기회로 재인식한다.
- 3단계: 최고의 능력을 한껏 발휘한다.

미뤄버릴까, 해치워버릴까 하는 마음속 갈등을 해결하기 위해서는 의지만으로 충분치 않다. 그보다는 부정적 상태를 수용할 수 있는 능력이 미루기 성향을 떨치고 생산적 활동으로 나아가는 데 중요한 출발점이 된다. 수용하는 마음은 유동성, 유연성, 생산성이 결합된 고요한 상태이다. 이런 상태에서는 미루기 과정으로 연결되는 행동들을 통제하기가 더욱 쉽고 간단하다. 3부에서는 미루기를 이끄는 감정에 대해, 그 거짓 감정 신호에 저항하는 방법에 대해 살펴볼 것이다. 구체적인 내용을 소개하면 다음과 같다.

- 감정이 미루기 과정에 어떻게 관여하는지, 이들 감정을 어떻게 생산적인 방향으로 전환할 것인지 살펴본다.
- 생산적인 혹은 미루기 방향에서의 Y조건을 찾고 생산적 방향에 힘을 싣는 방법을 알아본다.
- 생산적 선택을 방해하는 단순–용이 갈등 구조를 규명하고 극복 방법을 배운다.
- 원치 않는데도 미루는 행동으로 가도록 만드는 이중 지향 딜레마 해결의 열쇠를 밝힌다. 올바른 목표에 강조점을 둠으로써 노력의 방향을 바꿀 수 있을 것이다.
- 이중 지향 딜레마를 인식하고 현실적 시각에 비중을 두기 위한 인지 행동을 연습한다.
- 속도 줄이기, 생산적 시각 형성하기, 그 시각에 맞춰 행동하기라는 방법으로 미루기 충동에서 해방되어 의미 있고 생산적인 인지–정서–행동의 길로 들어설 수 있을 것이다.

미루는 습관과 연결된 감정 조건

미루기에는 감정적 요소가 강력하게 개입되어 있다. 하지만 자신의 미루는 습관을 한탄하는 사람들은 대부분 감정적 요소의 위력을 간과하거나 무시한다. 미루기와 연결된 감정 조건은 실로 다양하고 복잡하다.

- 해야 하는 생산적 활동이 자아에 위협적이거나(자기존중감이나 이미지에 위협이 되거나) 불편하다고 인식하면 감정적 신호가 뒤따를 수 있다. 위협 신호는 유쾌하지 않은 감정의 속삭임부터 직접적인 불안감이나 공포심에 이르기까지 다양하다. 속삭임 수준이든 직접적 감정 수준이든 생산적 활동을 회피하기에는 충분하다.
- 미루기에는 기분도 영향을 미친다. 기분은 의식의 회색 지대로서 타고난 기질, 성격, 생체주기, 수면 유형, 기압 변화 등

다양한 변수에 따라 달라진다. 앞으로 하게 될 일을 어떻게 바라보는지에 따라서도 기분이 달라진다. 우울한 기분을 주로 느낀다면 생산적인 활동을 기피할 수 있다.

- 우리는 마음속에 이미지를 떠올림으로써 감정을 만들어낸다. 가령 분노를 느끼고 싶을 때는 화나는 사건을 마음속에 떠올리는 식으로 감정을 구체화한다. 배우들은 이미 오래전부터 애용하는 방식이다. 마찬가지 방법으로 즐거운 감정을 만들고 건설적 습관을 형성한다면, 변화의 주체로서 스스로에 대한 자신감을 북돋울 수 있다.
- 위협이나 즐거움을 인식하면 감정이 자극을 받는다. 이러한 감정적 인식은 주체의 사고에 의해 좌우되며, 상황에 대한 해석, 평가, 판단 역시 주체의 기분으로부터 영향을 받는다. 이렇듯 감정적 인식은 행동과 상호작용한다.

다양한 감정은 각각 구분이 가능하다. 슬플 때, 행복할 때, 화날 때의 감정은 잘 구분되는 편이다. 이에 비해 복합적인 감정도 있다. 하나의 상황을 다양한 시각으로 바라보고 이에 대해 복합적 감정을 느끼는 것이다. 어떤 감정은 너무도 불쾌하고 압도적이어서 어떻게 해서든 물리치고 싶어질 수도 있다.

감정적 미루기는 생산적 상황에 불쾌한 감정을 연결시켜 회피하는 것이다. 이렇게 되면 생산적 업무가 제대로 진행될 수 없다. 복잡하고 위협적이고 하기 싫은 일들은 모두 미뤄버리게 된다. 예를 들어 물이 새는 수도꼭지를 고치는 일이나, 나쁜 소식을 전하는 일, 지연 중인 프로젝트 진행 상황을 궁금해하는 사람과 만나는 일 등을 미룬다. 그러면서 당장 해치우기에는 너무 어렵고 싫으니 나중에 하겠다고 핑계를 댄다.

사건, 감정, 설명, 회피 행동이 복잡하게 섞여버린 상태의 미루기를 분석하기란 완성된 스파게티에서 재료들을 다시 분리해내는 것과 비슷하게 보일지 모른다. 하지만 꼭 그렇지만은 않다. 행동교정을 위해 한 측면을 끌어내면 다른 측면들도 영향을 받기 때문이다. 문제는 어떤 측면에 집중할 것인가이다. 만일 부정적인 감정이 미루기 행동을 반복하게 만드는 원인이라면, 제일 먼저 감정적 미루기를 공략 대상으로 삼아야 한다.

감각과 감정

우리는 간혹 공포라는 감정을 체험하기 위해 호러영화를 보러 간다. 매력적이라고 생각하는 사람에게 곧잘 끌린다. 좋아하는 코미디언이 공연을 하면 실컷 웃으려고 입장권을 구입한다. 솜씨 좋은 마사지, 호수에서의 수영, 정원 산책, 뺨을 간질이는 바닷바람을 기꺼이 즐기기도 한다. 마라톤 경주를 끝내면서 기쁨을 느낀다. 따뜻한 벽난로 앞에서 음악 듣기를 좋아한다. 지구 역사를 다룬 TV 프로그램을 보면서 빠져들기도 한다. 우리 삶에 즐거움을 더하는 감정적 · 감각적 기쁨은 이 외에도 무수히 많다.

감정적 상태는 행동으로 이어진다. 호기심을 느끼면 관심 있는 대상에 가까이 다가가게 된다. 사랑은 평소와 전혀 다른 행동을 하게 만들 수 있다. 어떤 과업에 애정과 열정을 느낀다면, 이를 훌륭히 완수해낼 가능성이 크다. 예를 들어 일을 끝낸 후 즐거운 여행이 예정되어 있다면 평소에는 미뤄버리던 일들을 흔쾌히 해치울 수 있다. 반대로 특정 행동을 과거의 상처와 연결시킨다면 마지못해 조심조심하며 시도하게 될 것이다. 시급한 일을 불편하고 불명확하며 심지어 위협적이라 본다면 값비싼 대가를 치른다 해도 회피할 수 있다.

불확실성 앞에서 느끼는 무력감에 대해

미루는 습관을 공략하면서 그 아래 깔린 이유까지 동시에 통제하여 이중으로 효과를 보는 '일거양득'의 방법이 있다. 이 방법을 실천하면 감정 근육이 발달하는 장기적 효과가 나타나고, 미루는 행동이 한층 줄어든다. 생산성은 한층 더 높아진다.

앞에서 보았듯이 데드라인 미루기는 그다지 도움이 되지 않는다. 이보다 유익한 것은 나 자신을 통제하는 방법을 습득하는 것이다. 회피 충동을 이기고 생산적 행동을 선택해 성과를 올리면 데드라인을 지킬 수 있을 뿐만 아니라 동시에 감정 근육도 발달시킬 수 있다.

말馬과 기수 모델

감정적 측면에서 미루는 습관에 대해 설명할 때 말과 기수 모델은 유용한 도구이다. 일단 시작했으니 끝내야 하지만, 지루하고 불확실하며 재미없고 위협적으로 여겨지는 일 앞에서 우리가 난관이 가장 적은 경로를 택하는 모습을 잘 설명해줄 수 있기 때문이다.

난관이 가장 적은 경로를 선택하는 것은 이성이 아닌 충동에 따른 결과다. 생산성과 번영의 경로에서 후퇴한다는 것은 부정적인 선택이다. 이성적 사고를 추구하는 사람은 분명 다른 경로를 택했을 것이다. 그렇다면 미루기라는 후퇴와 건설적 진보 사이의 갈등은 어떻게 해결되는 것일까?

일찌기 심리학자 지그문트 프로이트Sigmund Freud는 충동과 이성 사이의 끝없는 갈등을 보여주기 위해 말과 기수라는 은유를 동원한 바 있다. 말은 충동이고 기수는 이성의 통제를 의미한다.

말은 긴장을 피하려는 충동이다. 말이 아는 것은 두 가지이다. 느낌이 나쁘면 물러서고, 느낌이 좋으면 접근하는 것이다. 말은 새로운 위험을 신속히 알아차리지만, 잘못된 공포심을 버리는 데는 몹시 더디다.

기수는 상위 정신 과정에 해당한다. 추론하고 연결하며 계획하고 행동을 통제한다. 기수는 관점을 유지하고 문제를 해결하며 변화를 추구하는 법을 신속히 습득한다. 말의 본능이 기수의 현실

인식과 다른 경우, 기수는 말을 통제할 능력이 있다. 하지만 말에게도 나름의 의지가 있다는 것이 문제이다.

말은 즉각적으로 반응한다. 기수 또한 즉각적으로 행동할 수 있지만 방법이 다르다. 기수는 모순에서 재미를 느낄 수 있지만 말은 절대로 그럴 수 없다. 긴장을 원치 않는다는 점에서는 말이나 기수가 같지만, 기수는 때로 긴장을 참아내야 한다는 것을 인정한다는 점이 말과 다르다. 말은 통찰적인 분석보다는 풀 뜯기를 더 좋아한다. 반면 기수의 역할은 한눈팔지 않고 상황 분석을 행하는 것이다.

기수에게는 추론 능력이 있다. 하지만 이 추론이 늘 현실적인 것은 아니다. 잘못된 선입견, 예를 들어 불편함은 나쁜 것이라는 생각 때문에 무의식적으로 현실을 왜곡하기도 한다. 때로는 실패를 걱정할 수도 있다. 걱정은 불확실성 앞에서 느끼는 무력감의 한 형태로서 말을 놀라게 해 미루기 행동으로 이어지게 한다.

미루기를 이끄는 감정적 · 정신적 과정은 프로이트가 생각한 것처럼 깊은 차원도, 보이지 않는 현상도 아니다. 대개 의식 영역 내에 존재하며, 방향만 제대로 잡을 수 있다면 드러내 보이는 것도 가능하다. 이 책과 다른 인지행동 관련 자료들을 참고한다면 자기 생각에 대한 바탕을 마련할 수 있을 것이다.

말과 기수의 은유는 불편을 회피하려는 충동과 생산하고 번영하려는 의지 사이에서 벌어지는 경쟁을 계속 인식하도록 해주는 중요한 도구이다. 다시 말해 '말을 자극하는 거짓 위협 신호, 그리고 창조하고 진보하며 장기적 위협을 극복하려는 이성적 기수 사이에서 벌어지는 격렬한 전투 현장'이라는 식으로 미루기를 파악할 수도 있다.

기수가 당면한 도전은 거짓 위협을 떨쳐내고 생산적 행동으로 나아가야 한다는 것을 깨달아 그 방법을 찾는 것이다. 자신이 말의 본능이 선택한 회피 경로를 따라가는 중이라 여긴다면, 또한 그것이 생산적인 번영의 길이 아니라고 생각한다면, 기수는 그 갈등을 '일거양득'을 실천할 기회로 볼 것이다. 긍정적 결과를 내는 동시에 감정 근육도 키울 기회 말이다.

인간의 원시적 두뇌는 학습 속도가 더디다. 그러므로 말의 충동을 따르지 않으려면 인내와 고집이 필요하다. 빈둥거림과 생산성 사이에서 무엇을 선택할지 결정을 내려야 하는 순간은 기수가 고삐를 낚아챌 기회가 된다. 고삐를 낚아채는 연습이 반복되면 반복될수록 말의 에너지를 통제해 원하는 방향으로 몰고 가기가 쉬워질 것이다.

Review 자신의 감정에 대해 관찰하라

- 자신이 일을 미루고 있는 상황을 포착해 그때의 느낌, 자기가 하는 행동을 관찰하라. 감정은 금방 지나가버리기 쉬우므로 행동의 관찰 결과가 더욱 중요하다. 미루는 습관은 행동을 바로 실현하기보다는 늦추겠다는 선택임을 기억하라.
- 미루는 것보다 바로 행동하는 쪽의 혜택이 더 크다고 생각하게 되면 미루기 과정에 변화가 일어나고 선택이 교정된다. 생산성을 추구하는 선택을 연습하면, 미래에도 생산성 쪽을 선택할 가능성이 높아지는 부수적 효과까지 얻을 수 있다. 미루는 습관을 물리치기 위해 이 간단한 해결책을 도입하는 것은 결코 쉽지 않다. 꾸준한 연습이 필요하다.
- 불편함, 불확실성, 하기 싫은 마음 등을 다스리면 연습이 점점 더 쉬워질 것이다.

Y의사결정 해법

말과 기수의 성향이 늘 똑같지는 않다. 어떤 말은 긴장에 몹시 민감하다. 살짝 긴장해도 펄쩍 뛰어올라 미루기 경로로 달려가버리는 말도 있다. 반면 불편함이란 어차피 당면할 수밖에 없는 문제이므로 후퇴할 이유가 되지 않는다고 여기는 기수도 있다. 이 양극단 사이에 수많은 변이형이 나타난다. 그럼에도 말과 기수의 은유는 원시적 감정 충동과 인지적 통제 사이의 끝없는 투쟁을 잘 드러낸다. 그리고 바로 여기서 'Y의사결정'이 나온다.

갈림길이 나오면 말은 최대한 가기 편한 쪽으로 방향을 잡을 것이다. Y의사결정의 순간이다. 반면에 목표를 추구하는 길이 비록 험하더라도 기수는 성과를 원한다. 말을 이겨내고 생산적인 길로 갈지, 아니면 말이 이끄는 대로 미루기의 길로 갈지를 선택하는 것이 바로 Y의사결정이다.

목표나 과업이 무엇이든 말은 더 편한, 혹은 덜 위협적으로 여겨지는 길을 택한다. 벌판으로, 시냇물로, 헛간으로 달려갈 것이다. 기수도 같은 길을 원할 수 있다. 하지만 말의 충동을 통제해야 할 때도 있다. 가령 제품의 경쟁력 분석 보고서를 써야 하는데 제때 해내지 못하면 실직할 수 있는 상황이 그렇다. 말은 그런 사정에는 관심이 없다. 따라서 제대로 된 기수라면 통제할 기회를 잡아야 한다. 자신이 원하는 대로 말을 인도하려면 당연히 노련함과 노력이 필요하다. 그리고 말이 주도할 때와 기수가 통제할 때의 차이는 클 수밖에 없다.

목표에 대해 어떻게 느끼는가

Y의사결정의 해법은 퍽 단순하다. 건강을 유지하려면 건강에 좋은 음식을 먹고 신체 운동을 하며 스트레스 상황을 신속히 처리해야 하는 것처럼 말이다. 미루는 습관을 중지시키는 해법도 마찬가지로 단순하다. 그저 행동하면 된다. 하지만 단순한 해법을 실천하는 것이 그리 쉽지는 않다. 말이 고집을 피우면 계획이 어그러질 수 있기 때문이다.

목표 자체가 미루기를 유발하지는 않는다. 그 목표에 대해 우리가 생각하고 느끼는 것이 문제이다. 목표가 너무 복잡하다고 규정하고 나면 인지적으로 이미 안 될 이유가 마련된 것이다. 이건 너무 어렵다고 자신에게 말하는 것 또한 감정적으로 안 될 이유를 만든다.

미루기를 극복하려면 안 되는 이유를 대지 말고 중요한 일을 제때 해내기 위해 우리가 아는 지식을 적용해야 한다. 이는 단순한 일일 수 있다. 그러나 단순하다고 해서 꼭 쉽지는 않다.

19세기 프러시아의 군사학자였던 카를 폰 클라우제비츠Carl von Clausewitz는 상아탑 이론가들이 단순한 전략을 괜히 어렵게 설명하고, 자신들이 만들어낸 불확실성을 어려움으로 바꾸어 불필요한 두려움만 퍼뜨린다는 점을 관찰한 바 있다. 그는 오히려 꾸준히 전진해나가는 편이 더 현명하다는 결론을 내렸다. 우리도 자기 눈으로 직접 확인할 필요가 있다. 실제로 눈앞에 놓인 어려움과 복잡함을 발견해야 한다.

폰 클라우제비츠는 미루기라는 용어를 사용하지 않았지만 그의 주장은 단순한 과정이 얼마나 복잡하고 어려워 보일 수 있는지를 잘 보여준다. 이러한 미루기 과정은 이론적으로 공략할 수 없다. 불확실성, 불편함, 예측 불가능성을 일상으로 받아들이며 전진하는 습관을 키워나갈 수 있을 뿐이다.

미국의 예술가이자 심리치료가인 에드워드 가르시아Edward Garcia는 복잡함에 대한 인지적 · 감정적 시각 때문에 변화가 그토록 큰 도전으로 여겨지는 것이라 설명한다. 두 시각이 충돌하면 결국 회피하는 방향으로 기울어진다.

예컨대 주요 프로젝트 기획 방법을 알려주는 프로그램에 등록하는 것이 목표라고 치자. 인지적으로나 감정적으로나 그 목표 실행을 원한다면 목표가 제대로 달성될 가능성이 높다. 미루는 행동은 없을 것이다. 하지만 두 시각이 불일치한다면 어떨까? 등록하고 싶으면서도 계속 행동을 미룰 이유가 나타난다. 이를 프로젝트 기획 능력을 향상시키길 원치 않기 때문이라고 볼 수는 없다.

긍정적인 결과는 얻고 싶지만 학습 과정이 힘겨울 것 같고, 다른 참여자들이 자기보다 훨씬 아는 것이 많으면 주눅 들 것 같아 걱정에 빠질 수는 있다. 그러다 결국 혼자서 책을 한두 권 찾아 조금 더 준비한 후에 등록하겠다는 결정을 내릴 수 있다. 이 경우 쉬운 길을 선택하는 것이 감정적 목표가 된다. 인지적 목표에 은밀히 저항한다는 측면보다는 갈등의 결과로 일어나는 불편을 회피한다는 측면이 더욱 중요한 의미를 지니기 때문이다.

보이는 목표와 숨은 목표

이중 지향 딜레마는 '보이는 목표'와 '숨은 목표' 사이에 일어나는 갈등이다. 보이는 목표는 기수의 관심사이다. 프로젝트 기획 프로그램에 등록하고자 하는 것도 보이는 목표이다. 숨은 목표는 말의 관심사를 반영한다. 즉, 불편함이나 인지적 열등감을 느끼고 싶지 않은 마음이다. 정리해보면 프로그램에 등록해 공부한 후 얻게 될 결과는 원하면서도 그 과정은 싫은 것이다.

이중 지향 딜레마의 상황에서 '귀찮음 회피'는 여러 방식으로 나타난다. 귀찮음 회피는 말 그대로 하기 싫고 어렵게 여겨지는 일들을 피하려는 것이다. 경쟁력 분석 보고서를 데드라인에 맞춰 만들어야 한다고 가정하자. 마감보다 앞서 보고서를 끝내고 싶다. 하지만 당장 보고서 작성 과정에 돌입하기는 싫다. 제대로 분석하려면 엄청나게 집중해야 할 것이 뻔하기 때문이다. 보고서 작성 과정에는 새로운 분석 가능성을 찾는 시행 착오의 단계들이 포함된다. 완벽히 잘해내리라는 보장도 없다. 잘못될지 모른다는 위험 부담도 떠안아야 하며, 보고서 작성에 시간을 쓰면 다른 즐거운 일들을 하지 못하게 된다. 저항이 일어나고 저항이 승리한다. 도망가는 편이 쉬워 보인다. 결국 늦게야 일을 시작하고 간신히 데드라인을 맞춘다.

이중 지향 딜레마

인지적으로 우리는 보이는 목표를 추구하고자 한다. 성취와 건강, 장기적 행복과 연결된 방향으로 가는 것이 이성적이기 때문이다. 그럼에도 숨은 목표가 강력하게 작용할 수 있다. 다시 말해 생산적인 과정을 연기한다고 해서 긍정적 결과를 원치 않는다는 의미는 아니다. 복잡성을 회피할 수 있는, 혹은 불편함을 줄일 수 있는 다른 무언가를 원한다는 의미이다.

이중 지향 딜레마가 나타나는 다른 상황을 보자. 당장 기름진 음식을 자제할 것인가, 아니면 체중이 10킬로그램 정도 더 늘어날 때까지 기다릴 것인가? 단호한 행동을 시작할 것인가, 아니면 만만한 사람으로 계속 처신할 것인가? 집에서 수리해야 할 곳들을 당장 손볼 것인가, 아니면 천장에서 비가 샐 때까지 버틸 것인가?

남들이 미루는 사이에 앞서가는 사람들은 아무리 뛰어난 재능을 타고났다고 해도 순간적인 말의 욕심을 따랐다가는 기회를 놓칠 수 있다는 사실을 잘 안다. 많은 이들이 전문기술을 배우고 습득하는 데 오랜 시간을 바치고도 미루는 습관 때문에 손만 뻗으면 닿을 열매를 놓쳐버리고 마는 안타까운 상황에 빠진다.

보이는 목표를 택하고 싶지만 동시에 불확실성, 어려움, 불편함을 회피하고 싶다면 딜레마에 빠진 것이다. 둘 다 얻을 수는 없다. 알코올 중독자가 아무런 해악 없이 술을 마실 수는 없는 것처럼 말이다.

지금까지 당신이 불편함에 민감하지 않았고 회피하여 후퇴하지도 않았다면 아마 많은 것을 이루었을 것이다. 물론 불편함이 회피로 이어지는 것은 인간 본연의 특징이다. 그런 상황에서 미루기의 덫으로 빠지기는 아주 쉽다. 그러나 신속히 학습하려는 마음으로 말을 훈련시키면 불편함이 장기적인 성과를 획득하는 과정의 일부임을 받아들이게 할 수 있다. 후퇴하지 않고 불편함을 이겨내는 학습도 그 훈련의 일부가 된다. 이런 정신력은 감정 근육의 중요한 요소이다.

이중 지향 딜레마를 해소하고자 할 때, 대체로 우리는 세 가지 도전에 당면하게 된다. 1) 현재 맞서고 있는 갈등이 무엇인지 깨닫기, 2) 목표 달성을 위해 행동 조직–방향 전환–통제와 같은 단계 적용하기, 3) 추론, 긴장 수용, 생산적 행동 능력을 발휘해 불편을 회피하려는 행동 중단시키기 등이 그것이다.

장기적 이익을 내다보는 연습

동일한 문제에 대해 인지적 목표와 감정적 목표가 함께 나타나는 경우가 적지 않다. 가장 시급하게 해야 하는 일에 대한 인지적 목표는 무엇인가? 그에 대한 감정적 목표는 무엇인가? 혹시 안 될 이유 찾기, 가상적 사고, 합리화 등 핑계를 대고 있지 않은가? 보이는 목표가 추진 목표가 되도록 만들 좋은 방법이 있을까?

불확실성 혹은 과거의 부정적 경험과 연결된 불편한 감정을 마주했을 때, 아니면 그저 하기 싫을 때의 감정적 반응은 이성을 즉시 압도한다. 예를 들어 무대공포증이 있는데 마케팅 프레젠테이션을 해야 한다고 하자. 단순한 해결책은 그 공포증에 의문을 제기하고 사람들 앞에서 말하는 연습을 반복해 불안을 떨치는 것이다. 그러나 이 단순한 해결책이 말처럼 쉽다면 현재 무대공포증에 시달리는 사람은 거의 사라졌어야 마땅하다.

못 받았던 전화를 거는 것처럼 단순한 일도 스트레스를 유발할 수 있다. 약속 날짜를 재조정하기 위해 전화를 걸어야 한다고 하자. 사실 이건 큰일이 아니다. 날짜를 바꾼다고 해서 누가 크게 피해를 입는 것도 아니다. 마침 전화를 걸 시간적 여유도 있다. 하지만 살짝 귀찮고 불편한 느낌이 든다. 그래서 전화 걸기를 미룬다. 나중에 하면 된다고 생각한다. 여기서 문제는 무엇일까? 기수가 아닌 말이 상황을 통제한다는 것이다.

멀리 달아나려는 말의 충동을 인식했다면 고삐를 당기는 것이 상황을 바꿀 수 있는 방법이다. 고삐를 당기는 방법은 여러 가지이다. 신속한 분석도 그중 하나이다. 그러면 방향을 돌림으로써 어떤 부가적 이익을 얻게 될지 알 수 있다.

점점 더 커지는 불이익

장기적 이익을 분석하는 과정은 단기적 미루기의 충동을 넓은 맥락에서 바라보면서 그 취약한 토대가 무엇인지 발견하게끔 돕는 동시에, 기수의 시각을 강화시켜준다. 또한 무엇을 성취하고 무엇을 회피하고 싶은지 써내려가다 보면, 결국 어느 쪽이 자신에게 정말로 이익이 될지를 알아보게 될 가능성도 커진다.

단기적 · 장기적 미루기에 대해 분석하려면, 현재 가장 시급하고 중요하지만 미루고 있는 활동부터 찾아보는 것이 필요하다. 그 활동을 미루는 것의 단기적 · 장기적 이익에 대해 생각해보라. 그 다음으로는 당장 해치울 때의 단기적 · 장기적 이익을 생각하는 것이다. 미루기에서 얻을 수 있는 것은 무엇인가? 미루지 않음으로써 얻을 수 있는 것은 또 무엇인가?

기수 입장에서 보면 이 연습의 결과는 자명할지 모른다. 하지만 이 작업은 기수가 고삐를 조금 더 단단히 잡도록 상황을 재평가하기 위한 것이다. 아울러 이러한 분석 연습의 결과는 말에게도 다소 영향을 미칠 수 있다.

아래에 분석표를 살펴보자. 이처럼 어떤 과제나 목표에 당면했을 때 미루는 쪽과 당장 해치우는 쪽의 단기적 · 장기적 이익에 대해 생각해보는 연습은 꼭 필요하다. 이 연습을 통해 단기적 이익보다는 장기적 혜택을 위해 움직이도록 스스로를 자극하게 되기 때문이다. 예컨대 지금까지 담뱃값으로 몇백만 원을 쓴 사람이 담배 구입에 낭비된 비용과 건강에 미치는 악영향 등을 분석표에 적어본다면 금연을 결심하는 데 도움을 받을 수 있다.

| 미루기와 당장 해치우기의 이익 분석 |

단기적 이익	장기적 이익
미루기의 이익:	미루기의 이익:
당장 해치우기의 이익:	당장 해치우기의 이익:

당장 해치우기의 단기적 이익 중에는 생산적 목표를 향해 첫걸음을 내딛는 것이 포함된다. 장기적 이익으로는 1) 목표를 향해 전진하기, 2) 불안감에 대해 인내심 키우기, 3) 감정적 의사결정 과정에 책임지기, 4) 불필요한 스트레스 줄이기 등을 들 수 있을 것이다.

이제 다른 방향의 연습을 해보자. 미루기와 당장 해치우기의 이익 대신 불이익을 분석하는 것이다. 미루는 경우와 당장 해치우는 경우의 단기적 · 장기적 불이익은 무엇인가?

| 미루기와 당장 해치우기의 불이익 분석 |

단기적 불이익	장기적 불이익
미루기의 불이익:	미루기의 불이익:
당장 해치우기의 불이익:	당장 해치우기의 불이익:

이 연습은 또 다른 시각에서 상황을 바라보도록 해준다. 미루기의 단기적 · 장기적 불이익은 대개 이익보다 더 크게 나타난다.

- 단기적 · 장기적 불이익에 같은 내용이 포함될 수도 있다. 다만 미루는 행동이 반복되면서 쌓인 장기적 결과는 한층 더 심

각한 정도일 것이다.

- 미루기의 이면에는 허울뿐인 거짓 안도감이 있다.
- 미루는 행동이 지속되면 건강이 위험해질 확률이 높아진다.
- 미루고 하지 않은 일 때문에 기회를 잃어버리는 것은 잘 드러나지는 않지만 치명적인 결과이다.
- 생산적 활동을 게을리하면 자기효능감self-efficacy(특정한 문제를 자신의 능력으로 성공적으로 해결할 수 있다는 신념이나 기대감—편집자 주)이 떨어지고 자아관에도 부정적인 영향을 입게 된다.
- 미루기는 남들에게 경멸, 적대감, 불신을 사게 한다.
- 미루는 행동이 반복되면 점점 더 미루기에 익숙해지게 된다.

당장 해치우기의 단기적 · 장기적 이익 목록은 이보다 짧을 것이다. 그래서인지 몰라도 어떤 사람들은 미루기를 대수롭지 않게 여긴다. 그 해악을 지나치게 과대평가한다고 투덜거리기도 한다. 그렇다면 최소한 몇몇 사람들에게는 미루는 습관이 심각하고 복잡한 과정이라고 해두자. 뿌리 깊은 습관이 되어버린 미루기를 바꾸려면 이에 대해 심각하게 접근할 필요가 있다. 그러나 이러한 노력이 생산성, 건강, 행복이라는 새로운 가능성의 문을 열어줄 것이다.

불편함을 견디는 과정

미루기는 불편함을 회피하려는 충동적 반응이다. 불편함을 면하기 위해 대체 행동으로 도피해버리는 것이다. 이러한 반응을 늦추기 위해서는 상황을 파악하여 생산적으로 전환하기 위한 과정을 이해할 필요가 있다. 그리하여 불편함을 당연한 것으로 받아들이게 되면 그 불편함 때문에 시급한 활동을 못하는 일이 줄어들 것이다.

미루기 충동을 늦추고 불편함을 견디는 인내심을 키우며 인지적 · 정서적 · 행동적 기술을 발전시키기 위한 기본 연습이 바로 지금부터 소개할 정지–저항–관찰–분석–대응–평가–안정 연습이다. 각 단계의 의미는 다음과 같다.

정지: 미루는 행동이 시작되려는 낌새를 인식하는 단계이다. 앞으로 벌어질 일에 초점을 맞추게 된다.

저항: 인지적 · 감정적 · 행동적 자원을 동원해 충동에 저항한다.

관찰: 좀 더 깊숙이 현상을 파고든다. 스스로에게 어떤 말을 하고 있는가? 무엇을 성취하려 하는가? 어떤 방향을 따라가고 있는가?

분석: 결과를 분석한다. 미루기 충동을 따랐을 때 어떤 결과가 나오는가? 감춰진 목표보다 보이는 목표를 추구할 수 있도록 변화하고 싶은가? 변화를 위한 활동 계획은 무엇인가?

대응: 생산적으로 사고할 때 어떤 일이 일어나는지 발견하고 '실패는 없다' 접근법(26페이지 참조)을 취해 생산적 길에 들어서는 실행 단계이다. 이 단계에서 미루기 극복 전략이 수행된다.

평가: 실행에서 배운 것을 점검하고 미루기 극복 전략을 개선하기 위해 필요한 사항을 살펴본다.

안정: 지속하는 단계이다. 연습이 이어지면서 미루기 극복 전략이 개선되어 능동적으로 '당장 해치우기' 전략을 따르게 된다.

다음 표는 감정적 미루기를 없애기 위해 정지-저항-관찰-분석-대응-평가-안정 단계가 어떻게 사용되는지 보여준다.

정지-저항-관찰-분석-대응-평가-안정이라는 틀로 미루기를 바라보는 데 익숙해지면 정신적 · 자동적으로 미루는 습관을 극복하게 될 것이다.

| 정지–저항–관찰–분석–대응–평가–안정 단계 |

미루고 있는 문제: 경쟁력 분석 보고서 작성

단계	선택과 행동
정지: 상황 주목하기	미루기 충동이 들면 보고서 구상 대신 이메일 확인으로 옮겨가지 않도록 엄지손가락에 초록색 스티커를 붙인다. 그 충동에 초점을 맞추겠다는 첫 번째 Y선택이다.
저항: 충동에 맞서기	불편함을 삶의 동반자로 받아들인다. 의식적 결정을 내린다. 문제와 공존하거나, 혹은 말이 멀리 달려가도록 내버려둔다는 두 번째 Y선택이다.
관찰: 상황에 대해 생각하기	생각에 대해 생각하는 메타인식 단계이다. 말이 무엇을 원하는지, 기수는 어느 길로 가야 하는지 등의 질문을 던져본다. 어느 쪽을 따라야 할지에 대한 또 다른 Y선택이다.
분석: 이성적으로 행동 계획 수립하기	고삐를 잡아채는 것의 잠재적 결과는 무엇인가? 말이 멋대로 날뛰도록 내버려두는 것의 잠재적 결과는 무엇인가? 다시금 Y선택이 이루어진다. 프로젝트를 시작할 계획인지, 첫 번째 단계는 무엇인지, 그 행동의 장단기 이익은 무엇인지 분석한다. 다른 한편으로는 말이 달려가도록 할지, 그 경우 첫 번째 단계는 무엇인지 그 행동의 장단기 이익은 무엇인지 살펴라.
대응: 계획을 실행하기	말의 고삐를 잡아채기 위해 계획을 세우고 조직하고 첫발을 내디딘 후 미루기 행동을 보일 것인가, 아니면 계획을 밀고 나가면서 어려움을 견딜 것인가 하는 Y선택이다.
평가: 계획을 보완하고, 필요하다면 다른 행동 시도하기	단번에 커다란 진전을 가져오는 위대한 계획은 거의 없다. 경험을 성찰하여 새로운 통찰력을 얻고 방향을 잡는 단계가 필요하다. 미처 보지 못했던 장애물을 발견할 수도 있다. 말의 방향을 따를지, 기수의 방향을 따를지에 대해 다음번 Y선택이 이루어지게 된다.
안정: 자동화될 때까지 대응 전략을 반복학습하기	누구나 쉽게 살고 싶어 하는 세상에서 연습을 반복한다는 것은 내키지 않는 일이다. 하지만 미루는 습관을 뿌리 뽑으려면 불편함을 견디는 연습, 끝까지 행동하는 연습 외에 다른 방법이 없다. 여기서 Y선택은 학습한 내용을 또 다른 미루기 영역에 적용할 것인지의 여부이다. 미루기 극복 원칙을 반복 학습하라. 그리고 꾸준히 연습을 거듭하라.

생각보다 길지 않다

충동적 반응을 중단시키는 법을 배웠으니 감정 근육을 단련해야 할 차례이다. 불편을 견뎌내는 법부터 시작하자. 어떻게 불편함에 대한 인내심을 키울 수 있을까? 미루는 습관을 극복하기 위한 과정 내내 꾸준히 어려움을 견뎌내기는 쉽지 않다. 이때 감정 근육을 강화시키는 인지-정서적 접근 방법은 무엇일까? 그 인내심이 '당장 해치우기' 행동으로 이어지려면 어떻게 해야 할까?

- **생산적인 과업을 불편하게 느낄 때 스스로에게 어떤 말을 하는지 귀 기울여라.**

  회피하거나 도망가려는 충동이 드는 순간, '하고 싶지 않아'라고 스스로에게 말하고 있다면 이는 진심일 수 있다. 경쟁자의 마케팅 전략을 연구하고 싶지 않은 것이다. 하지만 업무상 해야만 하는 일이라면 어떻게 해야 할까?
- **스스로에게 애정 어린 비판자 혹은 조언자가 되어보라.**

  '하고 싶지 않은 일이야. 하지만 최후의 순간에 허둥대지 않으려면, 그리고 결과물에 대해 부정적인 평가를 받지 않으려면 책임 있게 행동하는 것이 최선이야'라고 솔직하게 상황을 재평가한다면 어떨까? 끝까지 해내는 것이 책임 있는 행동이라고 스스로에게 말해주는 것이 때로는 회피에서 생산적 행동으로의 극적인 변화를 이끌어내기도 한다.

- 어디서 불편을 느끼는지 분석하라.

어깨가 불편한가? 아니면 뱃속이? 두통이 느껴지는가? 다른 회피 행동을 자제한 상태에서 불편함이 얼마나 지속되는지 관찰할 수 있겠는가? 어쩌면 긴장을 느끼는 시간이 생각보다 훨씬 짧을 수도 있다. 아드레날린으로 인한 스트레스는 한정된 시간 동안만 지속된다는 생물학적 근거도 있다. 그렇다면 얼마 안 되는 시간 동안 불편함을 참지 못할 이유도 없지 않을까?

- 미루고 싶은 마음을 참고 일을 시작할 수 있는가?

일단 시작하면 느낌이 달라지지 않는가? 고삐를 낚아채어 말을 조종하는 데서 얻는 부가적 이익을 찾아낼 수 있는가? 목표지향적 행동과 긍정적인 정서는 서로를 상승시키는 효과가 있다.

- 불편함을 두려워하는 것은 아닌지 돌아보라.

불편을 예상하고 바로 회피하려는 것은 아닌가? 불편함에 대한 이런 유의 두려움은 흔히 나타나며 얼마든지 처리할 수 있다. 이 책의 후반부에서는 이런 두려움을 극복하는 방안을 다루게 될 것이다.

"난 그 긴장감을 견뎌내지 못할 거야."

불편 회피 유형은 비슷한 상황에서 또다시 미루는 행동이 나타날 확률을 높인다. 이 유형을 바꾸려면 긴장을 견디는 힘을 키워야 한다. 이는 의식적 행동이다. 능동적으로 긴장을 겪어내고자 하면 미루기라는 후퇴 행동에서 앞으로 나아갈 원동력이 생겨난다. 수행 자체를 불안해하지 않는다면 불편함을 기꺼이 감당하고 받아들이며 긍정적인 방향으로 돌아설 가능성이 높아진다.

긴장 자체를 참지 못하면서 발생하는 부차적인 고통도 있다. 두려움, 불안, 우울, 스트레스, 위압감 등을 견뎌낼 수 없다고 스스로 생각해버리는 것이다. 그리하여 두려움을 두려워하고, 우울하다는 느낌 때문에 우울해지고, 불안하다는 느낌을 불안해하게 된다. '이중 트러블'이라 부를 만한 상황이다.

근거 없는 불안이 만드는 이중 트러블

이중 트러블은 미뤄진 일에 대한 생각보다 스스로에 대한 생각을 더 많이 반영한다. 대표적인 이중 트러블이 무력감이다. 자신이 부정적인 감정이나 미루는 습관을 해결하기에 무력하다고 생각한다면, 안 그래도 어려운 상황에서 그 무력감이 불안감과 취약성을 더하게 된다. 반면 불편한 감정을 충분히 수용하고 통제할 수 있다고 생각하는 경우, 그 생각이 인내심을 키운다.

긴장을 견디는 연습은 두려움을 날려버릴 수 있다. 긴장을 두려워하지 않으면 미루는 행동의 계기가 만들어지지 못한다. 감정 근육을 키우고 단련하다 보면 본래의 긴장감보다 한층 더 부정적인 영향을 미치는 이중 트러블도 극복될 것이다.

- "내가 싫어하는 일을 견디지 못하는 이유는 무엇인가?"라는 질문부터 던져보라.
- '나는 해낼 수 없어'와 같이 스스로에게 족쇄를 채우는 생각을 하고 있지 않은지 살펴보라. 내가 해낼 수 없다는 증거는 어디 있는가?
- 해로운 충동에 굴복하게 만드는 내면의 목소리를 경계하라. 미루는 행동의 장단기 결과를 분석하면서 그 목소리를 이성적으로 평가하라.

이중 트러블은 자칫 순환적 사고에 갇혀버리는 결과를 초래할 수 있다. 만약 '나는 해낼 수 없어'라는 생각에 사로잡혀 있다면 주의 깊게 관찰해 순환 고리를 찾아내라. 나는 해낼 수 없는 사람이니까 변화는 없을 것이고, 영원히 스트레스를 받으며 미루는 행동을 반복하리라 믿어버리는 순환 고리 말이다. 그 순환 고리에서 하나만 빼내 여기에 '근거 없는 가정'이라 이름 붙여라. 그러면 순환 고리를 깨기 위한 첫걸음을 내디딘 것이다. 가정은 사실이 아니니 말이다!

미루기 충동이 일어나려 할 때에는 감정 근육의 힘이 절실하다. 미루기의 유혹이 아무리 찬란히 빛난다 해도 다양한 감정의 덫을 이겨내는 능력을 꾸준히 키운다면 문제없이 이겨낼 수 있을 것이다.

긴장을 두려워하지 않는 연습

긴장에 대한 내성을 키우는 것은 일생일대의 도전이다. 긴장을 두려워하거나 회피하지 않게 되면 자기 자신과 상황에 대한 통제력이 커진다. 긴장을 두려워하지 않으면 긴장 증폭 현상도 덜 경험한다. 긴장에 대한 내성이 큰 사람은 더 많은 도전을 받아들이고 더 많은 성취를 경험하며, 자기 행동에 더 만족한다. 미루는 습관을 극복함으로써 자기효능감이 커지면 긴장에 대한 두려움 또한 줄어들게 된다.

지금부터 이야기하는 긴장 내성 훈련은 스트레스와 미루는 습관을 모두 해결하는 강력한 방법이라 할 수 있다. 그 훈련 방향은 다음 세 가지이다.

: 신체 단련

단련된 신체는 불안이 가져오는 압박감을 줄이는 완충 장치가 된다. 지속적인 스트레스는 질병, 과로, 내적 불안정의 위험을 높인다. 신체 단련은 그 위험을 낮춰주는 효과까지 있다. 건강한 신체라는 완충 장치가 마련되려면 정기적인 운동, 건강한 식사, 나이와 신장에 맞는 적정 체중 유지, 충분한 수면이 필요하다.

: 스트레스 사고 극복

긴장에 대한 내성 부족으로 인해 발생하는 '난 해낼 수 없어. 당장 안정이 필요해'와 같은 내면의 대화뿐 아니라, 회의주의나 완벽주의까지도 모두 스트레스 사고에 포함된다.

: 행동 유형 바꾸기

불필요한 두려움으로 인한 행동들, 즉 원하는 것을 제대로 추진하지 못하거나 어떻게 해서든 언쟁을 피하려 하는 것, 미루는 습관을 버리고 행복을 추구할 결심을 주저하는 것 같은 행동 유형을 바꿔야 한다.

Review 도전과 스트레스에 대한 각성

스트레스가 피할 수 없는 것이라면 이 현실을 받아들이고 스트레스를 자신에게 유리하게 이용하는 편이 현명하다. 여키스-도슨 곡선Yerkes-Dodson Curve은 각성과 수행 사이의 관계를 보여준다.

| 여키스-도슨 곡선 |

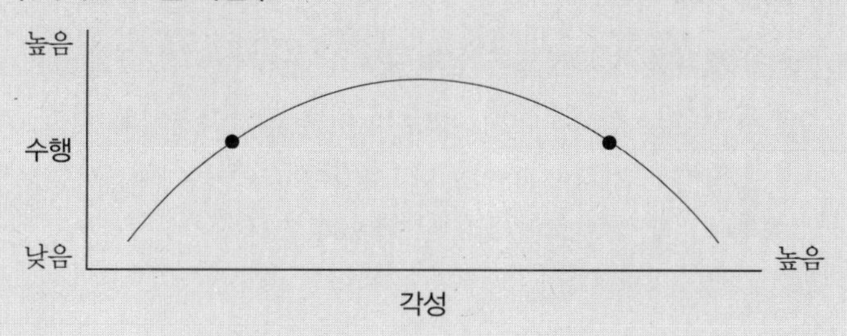

곡선의 왼쪽 끝단은 낮은 각성과 동기부여 상태이다. 오른쪽 끝은 부정적 사고의 효과를 보여준다. 곡선 위 두 점 사이 부분이 적절한 각성 지대이다. 하지만 생산적 활동은 종류에 따라 서로 다른 각성 수준을 필요로 한다. 불편한 전화를 받는 것과 MBA 과정을 수료하는 것의 각성 수준이 같을 수는 없지 않은가. 물론 각성이라는 것을 고려하도록 만드는 데 이 곡선은 매우 유용하다.

우선순위가 높은 일에 대한 각성 수준이 낮다면 그 일을 시작하고 끝내도록 스스로를 압박해야 한다. 아니면 동기부여 수단을 찾아야 한다. 스스로를 압박하는 것은 각성의 한 형태이다. 동기부여 수단 중 하나는 원치 않는 과업을 하나 없애는 것이 된다.

위협 스트레스에 대한 걱정이 가득하다면 복합적인 문제 해결에 어려움을 느낄 것이다. 긴장이 극도에 달하면 거기에 온통 정신이 사로잡혀 다른 일을 할 시간이나 에너지는 거의 남지 않고 만다. 이때에는 '한숨 돌리기'가 필요하다. 사무실 주변을 한 바퀴 돌며 산책하는 것은 어떨까? 자기관찰 시각으로 전환하기 위해 앞에서 소개한 사건-판단-결과-교체-효과 접근법을 사용하여 상황을 기록하고 조직할 수도 있다. 이러한 조직 활동은 분명한 목적 하에 더 명료하고 고요한 마음으로 문제 해결을 시도하도록 돕는다.

이 곡선은 도전으로 인한 각성의 혜택을 알려주기도 한다. 그러한 각성은 건강에도 이롭다. 실상 학습이나 기억은 적응 과정에서 느낀 긴장의 결과물인 경우가 많다.

감정적 전투 상태에 빠지는 순간

스트레스는 피할 수 없다. 우리 삶 곳곳에 스트레스가 있기 때문이다. 자녀 출생, 새로운 업무, 퇴직 등의 변화는 감정의 평형 상태를 깨뜨리곤 한다. 스트레스는 체력 고갈, 압박감, 신경과민, 불안감, 걱정, 혹사, 긴장감과 같은 심신의 부정적인 상태를 통칭하는 표현이다. 또한 특정 상황을 감정적으로 처리해내기 위한 자원이 충분치 못하다는 인식이 낳은 결과물이다. 인지적 · 정서적 · 행동적 방향의 접근법은 우리의 크고 작은 스트레스를 인식하고 이것이 미루는 행동으로 이어질 가능성을 줄여준다.

스트레스를 받으면 신체에 어떤 일이 일어날까? 먼저 두뇌는 자동 신경 체계ANS: automatic nervous system를 작동시켜 스트레스 호르몬인 아드레날린과 코르티솔을 분비한다. 위험 상황이 지나가면 신체는 다시 균형을 찾는다. 하지만 스트레스가 지나치면 더 이상 호르몬이 신체를 보호하지 못하고 오히려 망가뜨린다. 결국 지속적인 스트레스는 건강을 해친다. 혈당을 높여 제2형 당뇨병의 위험을 높이는 것이다. 또 스트레스로 만성적 수면 장애가 오면 신체의 회복력과 면역력이 손상된다. 수면 장애는 때로 우울증으로 이어지기도 한다.

스트레스의 원인을 해결할 수 없는 상황에서 우리는 감정적 전투 상태에 놓이게 되는데, 이때 미숙하게 대처하면 오히려 신체를 계속해서 흥분 상태로 몰고 갈 수 있다. 그러나 인지적·행동적 스트레스 관리 방법을 잘 사용하면 만성적 질병, 일반화된 불안 등의 스트레스로 인해 분비되는 코르티솔의 양을 줄일 수 있을 것이다.

스트레스를 다루는 방식

가장 일반적인 형태의 스트레스는 직장 스트레스이다. 직장 스트레스는 큰 변화에 동반되어 오기도 하지만 업무상 겪는 각종 어려움에서도 기인한다. 요즈음 직장인들의 직무 만족도는 대체로 낮아지는 추세이다. 어느 조사에서는 전체 직장인의 49퍼센트가 전에 비해 자신의 일에 덜 만족한다고 응답했다. 설사 직무 만족도가 높다 해도 어차피 일이란 즐기기 위한 것이라기보다는 돈을 벌기 위한 것이다. 따라서 직무 만족도를 높이는 것보다는 직장 스트레스를 줄이는 것이 훨씬 더 중요하다고 볼 수 있다.

실제로 미루기, 직장 스트레스, 업무로 인한 체력 소진, 낮은 직무 만족도 등이 서로 연관되어 있다는 연구 결과는 그리 많지 않다. 하지만 그렇다고 해서 직장에서의 스트레스와 미루는 행동이 전혀 상관없다고 할 수 있을까?

충돌을 싫어하는 사람은 합의가 안 될 것이라 여겨지는 문제에 대한 논의를 미룰 가능성이 높다. 특정 업무가 마음에 들지 않으면 다른 업무부터 하고 싶은 충동을 느끼는 것은 당연하다. 위험 부담을 무릅쓰는 것과 그렇지 않은 것 중 하나를 선택하는 상황이라면 어떨까? 본능적으로 선택 자체를 미루게 되지 않을까?

자기 업무를 긍정적으로 평가하면 복지에 대한 충족감이 높아지고 그 느낌이 여가시간까지 확대된다. 여가시간에도 일을 긍정적으로 바라볼 수 있다면 업무 준비 태세가 충실히 갖춰질 것이다. 설사 업무에서 스트레스를 받는다 해도 이를 효율적으로 관리할 수 있다면, 자기대처 능력에 긍정적인 평가를 내릴 수 있다. 스트레스란 우리 삶의 곳곳에 자리 잡고 있으므로, 업무 스트레스가 미루는 행동으로 이어지는 것을 효과적으로 해결한다면 자기 자신과 상황을 잘 관리하는 주도적인 삶을 누릴 수 있다.

해고와 실직이 다반사인 현대사회에서 살아가는 것은 그 자체로 몹시 큰 스트레스이다. 하지만 모두가 똑같은 방식으로 영향을 받지는 않는다. 인생이 몰고 온 충격을 남보다 작게 느끼는 사람도 있게 마련이다. 물론 스트레스 상황이 그 사람의 생각이나 느낌, 행동에 아무런 영향을 미치지 않는다는 이야기는 아니다. 다만 그 영향이 상대적으로 타인보다 작다는 것뿐이다.

스트레스가 지속되는 상황을 떠올려보자. 예를 들어 당신의 동료나 상사가 까다로운 성격이거나 늘 당신이 동료보다 업무를 많이 할당받는 불공평한 처지라면, 내적 평화를 유지하기 위해 고민할 수밖에 없다. 하지만 이런 상황은 우리 쪽으로 찬 바람을 보내는 선풍기와도 같다. 선풍기의 바람이 내 쪽으로 오지 않도록 방향을 바꾸면 계속 바람이 불어도 상관없다. 그 바람 때문에 스트레스가 커지거나 미루는 행동이 나타날 일은 없다는 뜻이다.

Review 불편한 감정을 견디는 연습

- 긍정적 시각을 유지하여 발전 욕구에 힘을 싣기
- 생산적 결과를 향해 앞으로 움직이기
- 장기적 이익 중심의 시각을 유지하기
- 거짓 신호를 보내는 불편한 감정에 굴복하지 말고 견뎌내기
- 보이는 목표를 추구하기 위한 자기통제 행동을 현실적으로 계획하기
- 정지-저항-관찰-분석-대응-평가-안정 과정을 통해 회피 충동을 극복하기
- 생산적 결과를 낳고 감정 근육을 발달시키는 기수의 Y결정 사고방식을 지향하기

누구나 자신의 스트레스를 과장한다

직장에서나 삶의 다른 영역에서나 까다로운 사람들이 넘쳐난다. 그래서 그런 사람들 때문에 자신의 목표 달성 능력이나 업무 능력이 방해받는다고 생각할 수도 있다. 뭔가 잘못되면 꼭 당신한테 뒤집어씌우는 사람, 일은 혼자 다 하는 듯 겉으로만 바쁜 척하면서 정작 당신한테 몽땅 떠맡기는 사람, 당신이 실수하기만을 기다렸다가 공격하는 사람, 온갖 시시콜콜한 불평을 늘어놓는 사람 등 그들의 유형은 다양하다.

어떻게 해야 할까? 옆자리 동료가 걸핏하면 일을 미룬다 해도 그 덫에 같이 빠지지 말아야 한다. 그 동료가 회피 행동을 중단하도록, 그래서 당신도 방해를 받지 않도록 만들 수 있다면, 설득력을 발휘하는 그 과정에서 뭔가 또 배울지도 모른다. 하지만 당신이 가장 잘 통제할 수 있는 대상은 바로 자기 자신이다. 통제 불가능한 상황을 받아들이고 통제하려는 마음을 놓아 버리면 가장 고통스러운 직무 스트레스도 줄어들 수 있다.

스트레스가 극단으로 치닫는 최악의 상황에서 이러한 감정 근육을 발달시킨 사례도 있다. 나치 강제 수용소에 갇혔던 심리치료학자 빅터 프랭클Viktor Frankl은 고대 스토아 철학자들의 가르침을 바탕으로 누구에게나 자신의 내면적 생각을 선택할 자유가 있음을 깨달았다. 그는 또한 독일 철학자 프리드리히 니체Friedrich Nietzsche로부터 살아야 할 '이유'가 있다면 어떤 상황이든 견딜 수 있다는 점을 배웠다. 그에게 살아남아야 할 이유는 가족이었다. 까다로운 동료, 가족이나 친구와 갈등을 겪고 있다면, 프랭클이 그랬듯이 그 스트레스를 이겨내야만 하는 목적이나 의미를 찾아보길 권한다.

적대적 상황이 지속될 때 많은 사람들은 이중 트러블 상황에 빠지곤 한다. 이중 트러블 상황의 첫 번째 문제는 상황 자체에서 비롯되는 스트레스이고, 두 번째는 그 스트레스에 대한 두려움과 그로 인한 긴장감이 증폭되는 것이다. 이런 상황에서는 첫 번째 문제보다 두 번째가 훨씬 더 해롭지만, 앞서 언급했던 수용 개념을 도입하면 마음이 한결 진정된다. 상황과 스트레스를 모두 있는 그대로 받아들이고 스트레스를 줄이기 위해 나 자신이 만들어낼 수 있는 내적 · 외적 환경이 무엇인지 살피는 것이다.

내부 정책과 원칙, 각종 공작과 음모, 대립과 갈등 때문에 업무 시간이 날아가는 상황은 흔히 발생한다. 그런 사건 때문에 마음을 다치고 주의를 빼앗기는 것은 버스에 치인 후 버스를 욕하고 상황을 원망하는 것이나 다를 바 없다. 스트레스 상황을 다른 시각으로 바라보자. 버스 기사에게 욕을 퍼붓는 것과 부지런히 치료를 받아 피해를 최소화하는 것 중에 무엇이 나은 선택인가? 우리에게는 적대적 상황에서 자신을 책임지는, 그리하여 미루는 행동으로 이어지지 않게 하는 방법이 필요하다.

목표에 대한 부정적 사고가 문제다

대부분의 사람들이 자신의 스트레스를 확대 해석하고 과장한다. 사실 당신에게는 훌륭한 상사, 협조적인 동료들, 그리고 충분히 잘해낼 수 있을 만큼의 업무 책임이 있을지 모른다. 그런데도 집까지 일을 싸가지고 다니며 불안과 초조에 시달리는 것일 수도 있다.

목표에 대한 부정적 사고는 업무 결과에 영향을 미친다. 미루기 극복 워크숍에 참석했던 코니라는 여성의 경우가 그러했다. 코니는 모든 직장 동료들이 자기를 미워한다고 불평했다. 그러다 보니 일할 마음이 나지 않아 늘 미루기만 한다는 것이다. 나는 코니에게 사무실에 직장 동료가 모두 몇 명이냐고 물었다. 29명이라고 했다. 29명의 이름을 죽 적은 후 각각의 사람들이 그녀를 미워하는 것을 어떻게 알았는지 말해보라고 했다. 그러자 코니의 흥분이 가라앉았다. 세 명이 자기를 싫어한다는 데는 확실한 증거가 있었다. 하지만 그녀와 정기적으로 모임을 갖는 동료가 여섯 명이나 있었고 호의를 보여주는 이들도 여러 명이 있었다.

자, 그렇다면 모두가 자신을 미워한다는 말은 사실이라고 보기 어렵지 않은가? 오해를 푼 코니는 협조적인 태도를 갖게 되었고, 다행히 직장 생활이 더 즐거워졌으며 미루는 습관도 개선되었다고 한다. 당신 주변에도 스트레스를 유발하는 요인이 많을 것이다. 자신에 대한 통제감은 스트레스를 줄여준다. 내적 통제감을 키우면 미루기의 덫에 빠지지 않을 가능성이 확연이 높아지는 것이다.

Review 자신에 대한 통제감을 키우는 7단계 방법

다음은 남들이 미루는 행동을 보일 때 자기 행동을 통제하고 앞으로 전진하기 위한 7단계 방법이다.

1단계: 목표를 분명히 하고 그 목표 달성을 위한 접근법을 계획하라.

2단계: 같은 목적을 가진 사람들의 자발적인 협력을 이끌어내 추진력과 책임감이 찬사받는 분위기를 조성하라.

3단계: 가장 중요한 목표에 집중해 전략적으로 행동하라. 남들은 미처 모르고 지나치는 기회를 붙잡아라.

4단계: 급변하는 상황에서 새로 등장하는 업무를 정의하고 구조화하라. 새로운 발전의 선두에 서라. 최신 정보를 확보하라.

5단계: 집단 지성은 거대한 지식의 보고이다. 그 가운데서 일어나는 의사소통을 중시하라. 귀 기울여 듣고 믿을 만한 사람이 누군지 판단하라. 그러나 최종 결정은 스스로 내려야 한다.

6단계: 자신이 책임져야 하는 일에서는 최종 결정도 자신이 내려야 한다. 이때 이성적 판단이 매우 중요하다.

7단계: 방해 요소는 가능한 빨리 정리하라. 방해 요소에 시간을 낭비해선 안 된다. 흐름에 맞춰 제때 일을 해내도록 하라.

남에게 평가받는 것에 대한 두려움

복합적 미루기는 불안감, 자기불신, 긴장에 대한 내성 부족 등 다른 조건이 덧붙여진 미루기이다. 과업을 미루고 거기 동반되는 조건까지 미뤄버리는 것이다.

가령 당신의 동료가 늦장을 부려 프로젝트가 지연되고 있다는 불편한 말을 전해야 하는 상황이라고 하자. 대립을 두려워하는 당신은 그 말을 차마 하지 못하고 미룬다. 언쟁이 일어나면 결국 지고 말 것이라 생각하기 때문이다. 하지만 그 말을 제대로 전할 수 있다면 어떻게 될까? 아마 대립 상황에 대한 두려움도 극복하고, 동료를 설득해 프로젝트도 제때 끝내는 일석이조의 성과가 나올 것이다.

미루는 습관이 자기불신과 함께 나타나는 것은 흔히 볼 수 있는 상황이다. 여기서 미루기는 증상이며 동시에 원인이다. 당신이 시급하고 중요한 업무를 미룬다고 가정해보자. 일을 미루면서도 한편으로는 완수되지 않은 업무 때문에 압박감과 불안감을 느낄 것이다. 당신은 그 복잡한 문제를 처리할 수 없다고 생각하며, 어느새 효과적 업무 수행에 대한 자신감을 잃어버린다. 결국 자기불신이 미루기를 낳고, 미루기의 결과로 자기불신이 생겨나는 이중적 비극이 생겨난다.

완벽주의의 함정

자기불신은 여타의 미루기 유발 조건들과 함께 나타나는 경우가 많다. 이를테면 완벽주의, 받아들여지지 못할 것이라는 두려움, 실패에 대한 두려움, 긴장 상황에 대한 두려움 등이 평가 요소가 개입된 복합적 미루기를 낳게 되는 것이다.

복합적 미루기에 관련된 요소들을 조금씩 줄여나가다 보면 결국 복합적 미루기도 그리 버겁지 않은 상대가 된다. 생산적 활동에 집중하며 평가에 대한 불안을 줄여나가라. 그러다 보면 평가 요소가 개입된 복합적 미루기 습관도 어느새 극복될 것이다. 지금부터는 평가 요소가 개입된 복합적 미루기 유형들의 특징과 각 유형별 극복 방법을 정리해보자.

: 자기불신

누구에게나 불안한 시기가 있다. 자기불신은 단순한 불안과는 다르다. 자신에게 적절한 자원도, 능력도, 확신도 없다고 여기는 것이다. 자기불신에 사로잡힌 사람들은 대개 스스로에 대해 단정을 내린 후 제대로 해내지 못하리라는 생각에 주저하며 일을 미룬다. 불확실성이 큰 영역에서는 더 불안을 느끼고 더 많이 주저한다. 자신에게 자원이 부족하여 충분히 잘해낼 수 없다고 평가한다.

1. 자기불신의 덫에 빠졌다면 스스로를 다원적 시각으로 바라보라. 다원적 시각은 균형을 가져온다. 우리에게는 수백 가지 특징, 자질, 감정, 잠재력이 있다. 자신의 다양한 측면을 살피고 정말로 잘할 수 있는 일을 찾아보라.
2. 불신은 불확실성에서 비롯된다. 불확실성은 삶의 일부이다. 불확실성이 없었다면 인류의 성장과 발전은 한계를 벗어나지 못했을 것이다. 불확실성을 완전히 벗어날 수 있는 사람은 아무도 없다.
3. 주저하는 것과 자기비하는 그 겉껍질을 한 꺼풀 벗겨내, 스스로에게 내리는 자기평가가 완벽주의에서 비롯된 것은 아닌지 살펴볼 기회를 준다.

: 완벽주의

완벽주의라고 하면 불안정, 적대감, 성과 중심, 시간적 압박, 성급함을 연상할지도 모르겠다. 그러나 이는 지나치게 일반화된 생각이다.

도저히 달성 불가능한 높은 기준을 세운다거나, 승리 아니면 실패라는 양극단만 상정한다거나, 자기 권리만 강하게 주장한다거나, 높은 기준을 충족시켜야 자기 가치가 인정받는다고 여기는 경우 모두가 완벽주의에 해당된다. 이런 사람들은 실패를 회피하고, 안 되는 이유만 찾으면서 미루기를 정당화한다. 불완전함에 대한 걱정으로 시작하기도 전에 몸이 굳어버리고 핑계만 찾는 것이다. 또한 마땅히 되어야 할 모습이 되지 못했다고 자책하면서 평가의 덫에 빠지고 만다.

1. 공격형 · 투쟁형 완벽주의의 함정에 빠졌다면 다시 한 번 살펴보자. 당신의 삶에서 반복적으로 제쳐두고 있는 핵심 영역은 무엇인가? 그 영역에 참여할 수 있는 당신의 능력은 어떻게 평가되는가?
2. 도전 회피형 완벽주의에 빠져 해낼 수 있는 수준보다 더 큰 것을 기대하고 있다면, 당신은 현실을 제대로 받아들이지 않는 것이다. 인생은 당신이 생각하는 대로 흘러가지 않는다는 것을 명심하라.
3. 권리 주장은 마음속의 문제이다. 그 기대에 따라 현실을 판단하면 자신과 남들이 해야 할 일을 잘못 평가하게 된다. 완벽주의적 평가를 보류하라. '회색'이 정상일 수 있다는 다원적 시각을 가져라. 닿을 수 없는 곳에 팔을 뻗는 대신, 할 수 있는 일들을 해보는 것이 필요하다.

: 인정받지 못하리라는 두려움

남들의 인정이 자신의 가치를 결정한다고 믿으면 모두를 기쁘게 해줘야 한다는 비현실적인 책임을 떠맡게 된다. 남들의 요구를 들어주다 보면 정작 개인적 책임을 다하지 못할 수 있다. 혹시라도 남에게 피해를 입히고 비난받을지 모른다는 두려움에 유익하고 생산적인 활동을 회피할 수도 있다. 남들의 생각에 대해 너무 많이 걱정할 때, 그리고 남들이 당신을 부정적으로 생각한다고 여길 때 평가 요소가 개입한다.

1. 남들과 잘 어울리는 능력은 전통적인 성공의 척도이다. 하지만 모두를 만족시킬 수는 없다. 이성적인 사람이라면 당신에게서 그런 것을 기대하지도 않을 것이다.
2. 평가에 앞서 의무적 완벽주의 개념에 빠지지 않도록 해야 한다. 의무적 완벽주의란 남들을 기쁘게 하고 실망시키지 않으려는 의무감에 사로잡히는 것이다. 의무적 완벽주의로 인해 자신이 처리할 수 있는 것보다 더 많은 일을 맡는다거나, 그 의무감에 압박감을 느끼는 경우 미루는 행동이 나타날 수 있다.
3. 다원적 시각은 여기서도 유용하다. 사람마다 관심사, 욕구, 가치관, 취향이 다르다는 다원적 시각을 도입할 때 다양하고 생산적인 방향의 사고방식이 가능해진다.

: 실패에 대한 두려움

여기에서도 평가 요소가 중요하게 개입된다. 당신의 주된 관심사는 남들이 자신과 자신의 가치를 어떻게 평가하는가이다. 실패에 대한 두려움은 동전의 양면처럼 작용해 성공에 대한 두려움도 낳는다. 성공하면 나중에 실패하리라고, 남들의 높아진 기대를 충족시키지 못하리라고 미리부터 걱정하는 것이다.

1. 실패를 두려워하는가? 당신이 두려워하는 그 실패는 무엇인가? 실패를 어떻게 정의할 수 있는가? 예를 들어 생각해볼 수 있는가? 실패를 판정하는 것은 누구인가?
2. 우리가 당면하는 대부분의 문제는 삶의 다양한 실험이라고 볼 수 있다. 실험 결과 어떤 문제는 다른 것보다 생산적인 결과를 낼 수도 있고, 혹여 생산성이 떨어지는 문제라 해도 여전히 유용할 수 있다.
3. 다원적이고 변화하는 세상에서 당신이 하는 일을 평가하는 것은 이성적인 행동이다. 하지만 어떤 상황에서든 늘 잘해내야 한다는 식의 일반화된 평가는 비현실적이라는 것을 알아야 한다.
4. 성공에 대한 두려움을 느낀다면 일단 성공부터 하고 그 이후에 정말로 걱정했던 문제가 닥치는지 관찰하라. 예측 가능한 세상이라면 성공 후에 실패가 뒤따른다거나 감당할 수 없는 일이 닥치리라는 보장이 없다.

선언적인 언어의 힘

대화하면서 상대방에게 다른 메시지를 보내려 할 때 우리는 말의 높낮이나 성량을 조절한다. 미루는 습관에 '당장 해치우기' 전략을 적용할 때에도 언어적 효과가 힘을 발휘할 수 있다.

미국의 외교관이자 과학자였던 벤저민 프랭클린Benjamin Franklin은 하고자 하는 바를 실행하기 전에 스스로에게 먼저 선언하라고 하였다. 선언은 자신에게, 혹은 남들에게 책임을 완수하겠다고 약속하는 행동이다.

그런데 간혹 선언해야 할 일들끼리 서로 경쟁하는 상황도 벌어진다. 예를 들어 새 집을 사기 위해, 인생을 즐기기 위해, 은퇴 후를 대비하기 위해 여유자금을 모아야 한다고 가정해보자. 이 모든 목적을 충족시키기에는 경제적으로 여력이 되지 않는다. 이런 경우, 그중에서 한두 가지는 포기해야 한다.

당신은 지금 체중 감량, 업무 성과 향상, 미루는 습관의 극복 등을 선언할 수도 있다. 하지만 어떤 목적을 가진 행동이든 의도와 계획이 분명하지 않다면 데드라인 없는 한순간의 다짐에 그치고 만다. 자칫하면 미루기라는 덫에 빠지는 것이다.

이렇게 되지 않으려면 선언에 앞서 자신에게 '무엇 때문에 그렇게 하려 하는가?'라는 질문부터 던져봐야 한다. 이것은 잊고 넘어가기 쉽지만 무척 중요한 질문이다. 그다음으로 던져야 하는 질문들도 있다. 무엇을 성취하고 싶은가? 어떤 준비와 자원이 필요한가? 끝날 때까지 기간이 얼마나 걸리나? 제약이 될 만한 요소는 무엇인가? 이러한 질문에 모두 답을 했다면 선언할 준비가 된 셈이다.

선언은 "나는 이것을 하겠어"와 같은 단순한 문장으로 표현하는 것이 좋다. 의지가 강하면 강할수록 끝까지 해낼 가능성이 높아진다. 다만 실행에 돌입하기 전에 미루기의 덫에 빠지지 않는다면 말이다.

더 좋은 제품을 생산하고 더 좋은 고객 서비스를 제공하겠다는 선언을 지키는 기업은 점점 더 많은 고객을 확보하게 된다. 이제 당신을 자기 자신의 최고 고객으로 바라보라. 자신에게 어떤 서비스를 제공해야 할 것인가?

위협의 언어와 도전의 언어

심리학자 제임스 블래스코비치James Blascovich에 따르면, 인간은 상황이 요구하는 것 이상의 자원을 갖고 있다고 생각할 때 도전을 긍정적으로 대하게 된다고 한다. 이런 상황에서는 도전을 기꺼이 받아들이고 장애를 극복하겠다는 흥분된 감정도 느끼게 된다. 이와 같은 긍정적인 도전 스트레스는 심혈관 기능을 향상시키고 정신적 기민함을 가져온다.

반면 위협에 대한 인식은 정반대 효과를 낳는다. 위협이라는 감정은 도전에 필요한 것을 충분히 갖추지 못했다고 생각할 때 느끼는 것이다. 위협은 효율성과 정신적 기민함을 떨어뜨린다. 이런 상태에 놓이게 되면 미루는 습관에 의존하게 될 위험이 커진다.

위협에 대한 인식은 도전을 받아들이고 처음의 목표를 끝까지 완수해낼 것인가를 정하는 의사결정 과정의 일부이다. 그러나 인식이란 본래 판단을 거쳐 나오는 결과이기도 하다. 위협 스트레스는 '필요한 능력이 내겐 없어', '난 감당 못할 거야', '바보처럼 보이겠지'와 같은 비이성적 걱정, 후회, 부정적 생각에서 생긴다. 이런 위협의 언어는 심리적 불안을 야기하고 결국 미루는 행동으로 이어지기 십상이다.

위협의 언어를 긍정적인 도전의 언어로 전환할 수 있다면 미루는 행동으로 빠질 위험에서 벗어나게 된다. 도전의 언어는 긍정적 전환 과정을 구체적으로 형성하는 행동적 용어로 이루어진다. 도전의 언어를 사용함으로써 당신은 스스로에게 건설적 목표를 향한 구체적 단계로 나아갈 방향을 제시하게 된다. 그러므로 그 전에 자신에게 다음과 같은 질문을 던져보고, 그 의지와 지향점을 고민해보는 과정이 필요하다.

- 나의 목표 혹은 기회는 무엇인가?
- 나는 기꺼이 해낼 준비가 되었는가?
- 내가 시작할 시점은 언제인가?
- 내가 잘해낼 수 있는 방법은 무엇인가?
- 내가 포기하지 않을 방법은 무엇인가?

도전의 언어와 사고는 '나는 할 수 있다', '나는 성공할 것이다'라는 무조건적 동기부여와는 전혀 다르다. 이런 접근이 효과적이었다면 미루는 습관으로 고통받는 사람은 진작 다 없어졌어야 마땅하지 않은가.

미루는 습관을 극복하기 위해서는 노력이 필요하다. 그리고 이 노력은 현재 미루고 있는 일을 실행하는 데 투자하는 것이 가장 좋다. 또 다른 차원의 노력도 있다. 미루는 행동이 고통스러운 생각으로 인해 야기된 증세인 경우, 이로부터 자유로워지는 지름길은 정면으로 그 생각과 맞서는 것이다.

■ ■

당신이 미루는 여러 가지 행동 중에서도 개인적으로 중요하게 여기는 영역을 하나 골라 그것을 극복하는 데 노력을 집중하면 더 큰 효과를 거둘 수 있다. 어째서 하나만 골라 집중하라는 것일까? 자신을 바꾸는 변화를 시작하고 지속하려면 시간과 노력이 필요하다. 변화는 과정이다. 생명체인 인간은 익숙한 방식을 조정하려는 변화에 저항하거나 두려움을 느끼는 존재이다. 심리적 원칙을 도전에 적용하고 그 경험을 다시 심리적 도전에 적용하며 발전을 이루려면 시간, 자원, 노력이 필요하다.

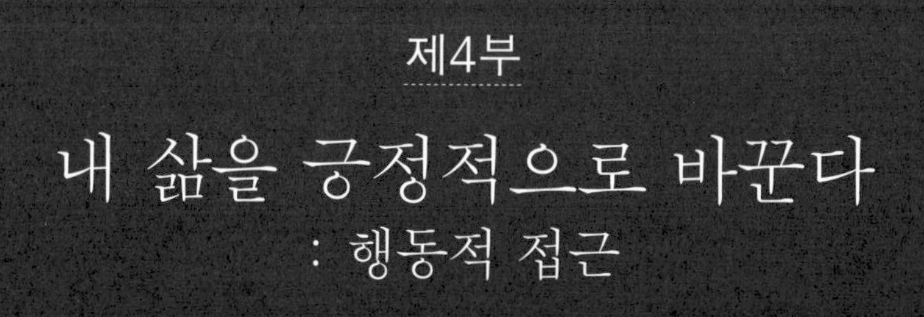

제4부

내 삶을 긍정적으로 바꾼다

: 행동적 접근

확실하지 않은 적과의 싸움

4세기 중국의 전략가 손자孫子는 적을 알고 나를 알면 백 번을 싸워도 결과를 걱정할 필요가 없다고 하였다. 이 말은 전법 못지않게 의사결정에 대해 강조한다. 자신이 어째서 중요한 의사결정을 미루는지 안다면, 최선의 의사결정을 어떻게 내려야 하는지 안다면, 그리고 그 결정을 끝까지 밀고 나간다면 미루는 행동은 더 이상 나타나지 않을 것이다. 물론 모든 전쟁에 다 이길 수 없듯 모든 상황에서 다 성공할 수는 없다. 하지만 자신에게 유리하게 상황을 이끌어가는 방법은 배울 수 있다.

의사결정은 인간의 삶에서 끊임없이 일어나는 행위이다. 무엇이 좋은 결정일까? 어떻게 해야 좋은 결정을 내릴 수 있을까? 애석하게도 올바른 의사결정을 확실히 보장해주는 지침은 없다. 의사결정을 내리는 상황은 무척이나 다양하기 때문이다. 상황에 따라서 각각 다른 가치관과 규칙, 과정을 적용해야 한다.

어떤 의사결정은 갈등을 해결하는 과정을 포함한다. 기회뿐 아니라 위험 부담과 불확실성까지 떠안아야 하는 의사결정도 있다. 부득이하게 힘겨운 선택을 해야 할 때도 있다. 많은 것을 양보해야 하는 울며 겨자 먹기의 선택도 있다. 최고의 기회가 손이 닿지 않는 곳에 있는 바람에, 손에 잡히기는 하나 가치는 떨어지는 대안을 선택하기도 한다. 이데올로기나 편견 때문에 탐탁지 않은 의사결정을 내릴 때도 있다. 그러므로 나 자신을 아는 것은 의사결정에서 무척 중요한 조건이다.

미루기가 방해 요인으로 작용하는 상황에서 더 좋은 의사결정을 가장 적절한 때에 내리려면 어떻게 해야 할까? 앞으로 소개할 방법을 이용하면 의사결정을 미루는 유형에서 벗어나 의미 있고 생산적인 판단을 내릴 수 있을 것이다.

의사결정에 영향을 미치는 것

'결정'을 뜻하는 영어 단어 'decision'은 라틴어 'decido'에서 유래되었다. 이 라틴어 단어는 '결정하다'라는 뜻과 '떨어지다'라는 뜻을 모두 갖고 있다. 떨어지지 않으려면 결정하지 않아야 할지도 모를 일이다. 하지만 '실패는 없다'라는 원칙을 수용한다든지 비난 회피를 넘어서려면 가을 낙엽처럼 떨어지는 것은 고려할 선택사항이 되지 못할 것이다.

불확실성은 우유부단함의 좋은 조건이 된다. 의사결정을 미루는 것을 극복하고 불필요한 고민으로 인한 고통을 줄이며, 유용한 결과를 얻어내려면 어떻게 해야 할까?

뭔가가 불확실한 상황에서 우리는 눈앞에 놓인 그림 전체를 볼 수 없으며, 미지의 요소와 당면하고 있음을 인식하게 된다. 이런 상황에서는 어떤 행동을 취하든 성공이 보장되지 않는 것처럼 느껴지기도 한다. 불확실하고 의심스럽다면 그 불확실성을 극복하는 것이 최우선 과제라 해도 의사결정을 회피하고 싶어지기 마련이다.

불확실성은 의혹이나 도전, 혹은 그 사이의 무언가를 자극한다. 하지만 미지의 요소가 많은 상황이 자동적으로 스트레스와 미루는 행동의 이유가 되지는 않는다. 그보다는 당신이 상황을 어떻게 정의하는지, 불확실성에 대해 얼마만큼의 내성을 지니고 있는지가 많은 것을 좌우한다.

당신이 만약 불확실성을 견디지 못하는 수백만 명 중 하나라면, 불확실성에 대한 내성이 부족한 이유가 자신에게 주어진 상황을 평가하려는 성향에 있다는 사실을 발견할지도 모른다. 예를 들어 불편함을 과도하게 지각할 경우, 이는 상황의 끔찍함을 과장하거나 극단화시키는 태도와 결합하여 긴장을 더 증폭시킨다. 이런 조건이라면 저항이 최소화된 미루기 경로를 택하는 행동이 충분히 이해가 갈 것이다.

불확실성에 대한 내성 부족과 미루기와 관련된 조건은 무엇이며, 이들은 우리의 의사결정에 어떤 방식으로 영향을 미칠까? 우리는 어떻게 해야 이로부터 벗어날 수 있을까?

의사결정을 망치는 착각

직관, 통찰, 감정은 이성이 발달하기에 앞서 먼저 존재하는 것들이다. 이성과 혜안의 진화는 더 높은 차원의 선택과 의사결정을 가능하게 하여 인간에게 생존 이상의 것을 해낼 가능성을 열어주었다. 그런데 분명 유용한 도구였던 것이 때로는 취약점이 되기도 한다.

심리적 착각은 직관과 거짓 사고가 섞여 만들어진다. 자기 생각이 현실이고 옳다고 믿지만 사실 그것은 어디서 읽은 것도, 인식한 것도 아니다. 심리적 착각은 불확실성을 줄이기 위해 나타나기도 한다.

당신은 착각을 바탕으로 의사결정을 하고, 거짓된 확신을 얻는 편인가? 그리하여 의사결정에 오류를 일으킬 확률 또한 높다고 생각하는가? 착각이 자신의 삶에 큰 영향을 미친다고 여기는 사람은 거의 없다. 그러나 사실 착각은 우리가 이성적 선택을 할 때, 도전이라고 할 만한 행동을 결정할 때 빈번하게 개입하는 요소이다.

어쩌면 당신의 미루는 습관에도 착각이라는 핵심 요소가 포함되어 있을지 모른다. 실제로 착각으로 인해 마음이 흐려질 때 미루는 행동이 종종 나타난다. '내일 하면 돼'라는 생각은 거짓된 희망이 일으키는 착각이다. 자신이 불확실한 상황을 처리할 수 없다는 생각은 열등성으로 야기된 착각이 작용하여 생긴다. 이 밖에도 유해한 심리적 착각을 발견하지 못하면 이유도 모르는 채 자기파멸을 반복할 수 있다.

자신의 가정이 곧 사실이라 여기면 착각이 발생할 수 있다. 자신 있게 상황을 오판하고 그 오해를 바탕으로 의사결정을 내리는 것이다. 경제학자 존 케네스 갤브레이스John Kenneth Galbraith는 확신이 약한 사람일수록 맹신적 행동을 한다고 하였다.

의사결정을 망치는 착각의 몇 가지 사례를 보자.

- **판단의 착각**: 자기 판단이 틀림없이 정확하다고 믿는다. 하지만 이를 위해서는 가장 정확한 정보와 전적으로 객관적이고 편견 없는 시각이 필요하다.
- **감정적 통찰의 착각**: 강한 느낌을 받을 경우 그게 맞다고 가정한다. 그리하여 처음 받은 감정적 느낌을 바탕으로 다른 정보는 거의 고려하지 않고 판단을 내린다.
- **우월성의 환상**: 자신이 누구보다도 능력 있고 현명하다고 믿는다. 그리하여 자기 시각과 맞지 않는 제안이나 대안은 즉각 거부해버린다.
- **열등성의 환상**: 자기 능력을 과소평가한다. 탁월한 능력을 보

이는 경우라 해도 그렇다. 열등하다는 시각을 유지하기 위해 스스로를 한계에 가두고, 결국 자기실현적 예언self-fulfilling prophecy(예언의 영향으로 인해 발생하지 않을 수도 있었던 현상이 예언대로 나타나는 현상—편집자 주)을 하고 만다.

Review 심리적 착각을 인식하라

심리적 착각을 인식하고 현실적인 의사결정을 내리며 미루는 습관을 방지하기 위한 간단한 예방적 대처 연습을 살펴보자.

- **인식:** 착각은 결과를 보고 인식할 수도 있다. 완벽한 의사결정을 내려야 한다고 생각하다 보면, 오히려 기회를 잃어버리기 쉽다. 기회 상실이 바로 그 결과가 되는 셈이다.
- **행동:** 상황을 뒤집어보고 이때 떠오르는 심리적 착각을 불신해보라. 예를 들어 "내가 내리려는 결정이 사실에 근거한다는 점을 분명히 보여주는 증거가 뭐지? 이 결정을 뒷받침하는 사실은 뭘까?"와 같은 질문을 던지는 것이다.

결정을 계속 미루게 하는 것은 무엇인가

익숙하지 않은 상황에서 우리는 주로 경험 혹은 사례에 의존해 의사결정을 내리게 된다. 경험을 바탕으로 한 원칙, 상식, 토막 지식 등은 퍽 다양한 형태로 나타난다. '불확실하다면 동전을 던져라'는 말 역시 경험 의존을 보여준다.

불확실하면 동전을 던져라?

경험 의존은 더 나은 계획과 의사결정을 가능하게 한다. 목표를 달성한 미래 시점에서 되돌아보는 식의 경험 의존 방식을 통해 어떤 단계를 밟아가야 할지 차근차근 계획을 세울 수도 있다.

갖고 있는 지식이 완전하지 않을 때, 그렇지만 새로 조사하고 연구할 시간이 없을 때 감각에 의존하는 것은 최선의 방법일지 모른다. 왠지 아닐 것 같으면 정말 아닐 수 있다. 어떤 제안을 받고 당장 결정을 내려야 한다고 가정해보자. 어쩐지 너무 좋기만 한 제안 같다. 그러면 감정적 단서와 과거의 경험을 활용해 제안을 평가해야 한다. 경험 의존이 잘못된 결정으로 이어지는 경우도 드물지 않다. 미루는 행동을 뒤쪽에 감춰둔 경험 의존도 있다.

- 경험 의존은 때로 충분히 유익하다. 반면에 경험적 원칙은 왜곡과 잘못된 결정을 이끌기도 한다. 눈을 똑바로 쳐다보는 사람은 정직하다고들 한다. 그러나 병적인 거짓말쟁이는 대개 상대의 눈을 똑바로 쳐다보며, 유난히 정직하고 수줍은 사람은 상대의 시선을 피하는 법이다.
- 기본적 귀인 오류fundamental attribution error는 경험 의존의 입증된 사례이다. 기본적 귀인 오류란 자신의 실패는 불가피한 상황 때문에 생기고 남들의 실패는 게으름과 같은 개인적 결함 때문에 생긴다고 보는 것이다. 자신은 비난을 피하면서 남들은 비난의 대상으로 삼는 성향이다. 실제로 직감에 과도하게 의존하면 임의적이고 편파적인 의사결정이 일어나기 쉽다. 자신이 직감에 따라 움직인다고 말하는 것은 편의주의적 미루기에 대한 변명일 수도 있다. 직감에 의존하다 보면 필요한 정보를 모으고 분석하는 준비가 필요 없기 때문이다. 결국 현명하지 못한 의사결정이 나오기 쉽다.

경험 의존은 자동적 반응보다는 대체로 더 효과적이다. 자동적 반응에서는 부정적 감정의 속삭임만으로도 미루는 행동이 유발되곤 한다. 그러나 경험 의존은 어디까지나 일반 규칙이므로 논리적 평가보다는 뒤질 수밖에 없다.

Review 경험 의존적 의사결정

- **인식:** 경험에서 나오는 인식 반응과 성찰적 준비를 분리하라. 이를 통해 자신이 의사결정 상황의 어디에 서 있는지 파악할 수 있다.
- **행동:** 당면한 상황에서 어떤 의사결정 반응이 적절할지 판단하라. 장기적 목표에 비춰볼 때 회피 충동이 적절한가? 경험 의존은 현실을 왜곡하는 편견에 사로잡혀 있지 않은가? 연구와 분석을 통한 접근법에서는 어떤 결정이 나오는가?

"왠지 불길한 예감이 들어…"

걱정이 많다면 불확실성을 견뎌내기 어렵다. 온갖 부정적인 가능성을 떠올리기 때문이다. 실제 상황에 대해 전혀 모르면서도 위협적이고 비극적인 가능성들로 잔뜩 긴장하고 만다. 이러한 인지적 · 감정적 회피는 미루는 행동으로 이어질 수 있다.

걱정과 미루는 행동 사이에는 공통점이 여럿 있다. 둘 다 허울

뿐인 보상을 가져온다. 비극적 가능성이 현실화되지 않으면 안도하는 식이다. 이때의 안도감은 과도한 걱정에 대한 보상이다. '나중에 하면 된다'는 생각 또한 안도감이라는 보상을 가져온다. 보상으로서의 안도감은 이후 비슷한 상황이 벌어졌을 때 또다시 걱정하거나 미루는 것으로 상황에 대처하게 만든다.

Review **지나친 걱정이 가져오는 것**

- **인식:** 나쁜 결정을 내릴지 모른다고 너무 많이 걱정하다 보면 걱정을 뒷받침하는 잘못된 믿음을 갖게 된다. 예를 들어 확신 없는 상황에서 확실성을 요구하는 식이다.
- **행동:** 확신이 곧 옳은 판단을 낳지는 않는다. 일어날 수 있는 최선의 결과와 최악의 결과, 그리고 그 사이의 가능성들에 대해 생각해보라. 각각의 결과를 얻기 위해 어떻게 해야 할까? 자신이 통제할 수 있는 가능성 있는 결과는 무엇인가?

장단점을 심사숙고하는 과정이 길어지다 보면 미루기에 빠지게 된다. 망설이다가 인지적 · 정서적 · 행동적 대혼란에 빠지고, 결국 충동적으로 의사결정을 하고 만다.

윌로우라는 여성은 15년 동안 최고의 결혼 상대를 찾았다. 신랑감을 여럿 만나보면서도 결정을 내리지 못하고 계속 망설였다. 단점을 귀신같이 찾아내는 능력 덕분에 어느 신랑감에게서나 결함이 보였던 것이다. 결국 나이가 들면서 윌로우는 더 시간을 끌다가는 아이를 낳기 어렵겠다는 위기감에 빠졌다. 아이를 낳기 위해 당장 결혼해야 한다는 압박감 때문에 완벽한 신랑감에 대한 기준은 거짓말같이 사라졌다. 그때 만난 사람이 알코올 중독자 토니였다. 충동적으로 토니와 결혼한 윌로우는 아이 둘을 낳았다. 하지만 가정을 이룬 후에도 토니는 여전히 실업자에 알코올 중독자였다. 윌로우에게는 이제 또 다른 중대한 의사결정이 필요하지만 여전히 망설이는 상태이다.

Review 계속 비슷한 고민을 하고 있는가?

- **인식:** 계속 같은 지점을 뱅글뱅글 돌면서 고민을 하고 있는 것처럼 느껴지는가? 그런 망설임은 확실성이 요구되는 상황이라는 뜻이다. 하지만 완벽한 확실성을 얻는 것은 불가능하다. 가장 중요한 조건만 맞으면 된다.
- **행동:** 불확실성을 포함하는 대부분의 의사결정은 그것이 적절하지만 불완전하게 될 현실적 가능성을 안게 된다. 여러 조건을 실제보다 더 복잡하게, 비현실적으로 만들 필요는 없다. 상황을 가장 단순하게 설명하는 것이 최선이다. 단순화하라.

"어디서부터 시작해야 할지 모르겠어."

자동화된 미루기 결정은 감정의 원초적 속삭임, 그리고 회피 충동으로부터 시작된다. 이러한 미루기는 상황이 복잡하고 불안하다고 인식하는 무의식적 이유에서 나올 수도 있다. 지금 할 수 있는 일을 나중에 하겠다고 약속한다면, 고도로 자동화된 미루기 결정이 일어나는 셈이다. 이는 다음과 같은 사고방식을 자극한다.

'이 일이 지금 제일 중요한 건지 모르겠어.'
'어디서부터 시작해야 할지 모르겠으니 생각부터 좀 해봐야지.'
'시작하기 전에 자료를 좀 읽어야 해.'
'오늘은 벌써 다 지났으니 시작할 수가 없어.'
'나중에 열심히 하면 돼.'

'나중에 하면 돼'라는 잘못된 의사결정은 이성의 레이더 아래에서 움직인다. 그리고는 해야 할 일을 미루고, '너무 지쳐서 생각할 수가 없어'라는 혼잣말로 자신을 보호하기도 한다. 나중에 실적이 기대에 미치지 못할 때는 아팠기 때문이라고 변명한다. 그리고 다시 결정의 순간이 왔을 때, 또다시 자신을 열등한 존재로 보면서 일이 안 되는 이유를 찾게 되고, 미루기를 반복하고 만다.

이런 상황에서 자기 생각에 대해 생각하는 것, 그리고 미루기 사고방식과 그 결과를 연결시키는 것은 생산적인 행동을 결정하도록 도와줄 것이다. 이러한 과정은 미루기 행동 전체를 통제하는 첫 번째 단계가 된다.

중요한 단 한 가지를 선택하라

자동화된 미루기 결정은 출발 미루기를 비롯한 여러 미루기 유형의 전조이다. 출발 미루기는 목적지를 향해 출발해야 하는 시간에 괜히 이런저런 사소한 일들을 하는 것이다. 가구의 먼지를 털고, 전화를 하고, 샤워를 하는 식의 자동화된 미루기 행동이 나타난다. 부유 미루기는 인생의 목표 설정을 계속 미루면서 자신을 목적 없는 인간으로 느끼고, TV시청 같은 일로 시간을 보내는 유형이다. 의사결정 미루기 또한 출발 미루기나 부유 미루기처럼 특징적인 미루기 유형이다. 의사결정 미루기에도 나름의 자동화된 미루기 행동이 나타나기도 한다.

의사결정 미루기는 시급하고 중요한 결정을 불필요하게 미루는 과정이다. 가령 새 직장을 위해 보스턴이나 마이애미 중 어디로 이사할지 결정해야 한다고 하자. 두 곳의 장단점은 비슷하다. 이때 완벽한 답이 나올 때까지 결정을 미룬다면 의사결정 미루기의 덫에 한발 내디딘 셈이다. 의사결정 미루기에서 벗어나는 것은 후회 없는 의사결정을 내리기 위한 필수적인 전제조건이라 할 수 있다. 또한 의사결정의 기술을 갖추기 위한 심리적 준비 자세의 바탕이 되기도 한다.

그리고 중요한 요소 두세 가지를 바탕으로 의사결정을 내리겠다고 한다면 시간 낭비를 방지할 수 있다. 그 다음에는 두세 가지 중에서 중요한 것 단 하나를 선택한다.

수많은 책임과 우선순위 경쟁이 존재하는 업무 상황에서 자신이 가장 중요한 일을 하고 있다는 것을 어떻게 알 수 있을까? 다음 표를 채워나가다 보면 시급하고 중요한 일과 시급하지도 중요하지도 않은 일을 구별할 수 있을 것이다. 이런 식의 우선순위 결정표는 핵심이 되는 의사결정이 무엇인지, 업무 진행의 중심에 두어야 할 시급한 행동이 무엇인지 알려준다. 일종의 고전적인 시간 관리 방법이라 할 수 있다.

행동	중요함	유용함	중요하지 않음
시급함			
시급하지 않음			

어떤 행동이 중요하지만 시급하지는 않은 것으로 나타나고, 그보다 더 시급하게 해야 할 행동이 없다면 쫓기는 느낌 없이 그 행동을 시작할 수 있다. 예를 들어 열두 가지 생산 형태를 한쪽 분량으로 간단히 정리해야 하는 업무의 데드라인이 한참 남았다고 하자. 그러면 중요하지도 시급하지도 않은 일들을 하는 대신 당장 작업을 시작하면 된다. 그 과업이 압박으로 다가올 때쯤에는 이미 일이 끝난 상태이다. 위의 표는 우선순위와 회피 행동을 구별하는 데도 도움이 될 것이다. 중요하지도 않고 시급하지도 않은 일들을 중요하고 시급한 일보다 앞서 하고 있다면, 지금 자신이 우선순위에 있는 일을 미루고 있다고 생각하면 된다.

49대51의 원칙

불안과 불확실성을 키워 의사결정 미루기로 연결시키는 것은 상황 자체인가, 아니면 상황에 대한 당신의 생각인가? 상황은 자극제일 뿐 원인이 아니다. 상황과 상황에 대한 당신의 시각이 합쳐져 의사결정에 영향을 미친다고 보아야 한다. 의사결정은 그 결정 수행 과정에 대한 생각, 의사결정으로 기대되는 결과에 대한 생각에도 영향을 받는다. 이런 생각을 하다 보면 의사결정을 내리거나 행동에 돌입하기 어려워진다.

불확실한 상황에서는 머뭇거리는 것이 당연하다. 그런데 머뭇거림과 미루기가 합쳐지면 복합적 미루기로 이어진다. 예를 들어 결정을 내려야 하는 상황에서 얼어붙는 것은 불확실성에 대한 불안을 보여주는 대표적 증상이다.

옳은 의사결정을 사전에 보장해주는 공식은 없다. 하지만 우유부단함으로 인한 결정의 회피가 대부분의 상황에서 그릇된 의사결정이라는 점은 분명하다. 49대51의 원칙을 따라라. 조금이라도 한쪽으로 기운다면 일단 그 방향을 택하고 나중에 수정하면 된다. 어떻게 비율을 알 수 있냐고? 명확한 방법론은 없다. 각 방향의 장단점을 분석하라. 그러면 전체 그림이 분명해지면서 한쪽으로 기울어질 것이다.

'언제 가장 미루고 싶은가'라는 질문

의사결정 미루기라는 문제를 인식하지 못하면서 그 우유부단함이 초래한 결과를 괴로워할 수 있을까? 그러기는 어렵다. 그러므로 의사결정 미루기의 문제를 해결하는 과정에서 가장 중요한 부분이 문제의 인식이다. 그런데 다양한 미루기 유형이 공존하는 상황에서는 문제를 인식하는 것도 결코 쉽지 않다.

의사결정 미루기는 비난 회피 미루기, 즉 남들의 평가를 받을 것이 두려워 결정을 회피하는 미루기와 연결되어 나타날 수 있다. 또한 행동 미루기의 문제가 있어 방향을 잡고 목표를 설정하고 전략 계획까지 수립한다고 해도, 계획을 시작한 후 첫 번째 난관에 봉착하자마자 어찌할 바를 몰라 더 이상의 진행을 미룰 수도 있다. 불확실성에 대한 불안 같은 다른 유형이 얽혀 있다면 두 가지 문제를 동시에 해결해야 하는 상황이 되기도 한다. 미루기 극복 행동을 끝까지 해내면서, 공존하는 조건까지 공략해야 하는 것이다.

미루기가 문제 상황이 될 때 상황 조건들을 구체적으로 규명해야 시야가 명확해진다. 다음 문제 해결 목록에 이런 난관을 어떻게 처리할지 정리해두었으니 참고하라.

1. 현재의 위치와 원하는 위치 사이에 격차가 있다면 문제가 있는 것이다. 이 격차 안에 미지의 요소가 들어 있다. 문제 해결은 평가, 해결책의 모색 및 시험, 그리고 실행을 방해하는 미루기 과정의 제압 등으로 이루어진다.
2. 문제 상황을 어떻게 정의하느냐에 따라 많은 것이 좌우된다. 이때 바람직한 질문은 어디서 답을 찾으면 좋을지 방향을 알려준다. 바로 그런 질문에서 해결 방향에 필요한 힌트를 얻을 수 있다. '현재 상황에서 의사결정 미루기를 극복하려면 어떤 단계가 필요한가?'라는 질문을 예로 들어보자. 이 질문은 문제와 해결 단계 규명의 중요성에 초점을 맞추고 있다.
3. 다음으로는 문제 조건을 정의해야 한다. 새로운 질문을 통해 문제와 관련된 화제를 확장하고 명료화해주는 답을 얻도록 한다. 언제, 어디서, 무엇을, 어떻게, 왜에 대한 질문은 문제 조건을 정리해준다. 시급하게 결정해야 할 사항은 무엇인가? 미루는 행동은 어디서 일어나는가? 언제 가장 미루고 싶은가? 머뭇거릴 때 자신에게 어떤 말을 하는가? 의사결정이 그토록 어려운 이유는 무엇인가? 다양한 시나리오를 가정하여 여러 질문을 던져보라. 그럼 좀 더 효과적이고 효율적으

로 방향을 찾아나갈 수 있다.

4. 문제를 새롭게 인식하면 또 다른 선택과 결론을 이끌어낼 수 있다. 새로운 인식이 미루기에서 '당장 해치우기' 전략으로 급선회하도록 도와주기도 한다. 새로운 인식을 끌어내고 싶다면 질문을 활용하라. 내 가정이 틀렸다면 어떨까? 어떤 가정이 옳을까? 다른 어떤 가정을 고려할 수 있을까? 당신의 결정이 예상치 못한 결과를 초래한다고 해도 그로 인해 비난이나 칭찬을 받을 일은 없다고 상상해보라. 평소 서로 의견이 다른 세 사람으로부터 대안적 견해 세 가지를 들어보는 것도 도움이 된다.

잘 규정된 문제를 해결하는 과정에서 어떤 해결책을 시도했다가 효과를 거두지 못하고 되돌아오는 일이 여러 번 일어날 수도 있다. 훌륭하지만 완벽하지는 못한 해결책을 발견할지도 모른다. 하지만 일단 의사결정 과정에 돌입하면 능력을 확장하고 실현할 길이 나온다는 점이 중요하다.

벤저민 프랭클린은 자서전에서 목표를 설정하고 달성하려 애쓰면서 자신이 완벽하지 않다는 사실을 깨달았다고 말한 바 있다. 그러나 그는 아예 도전하지 않았을 때의 모습보다는 훨씬 더 훌륭해졌다고 말했다.

이성적인 의사결정 과정

문제 해결 미루기가 발동하면 문제 해결 과정이 붕괴 상태에 빠지기도 한다. 결정 붕괴 과정과 이성적인 의사결정 과정을 비교하는 다음 표를 살펴보자.

이 표를 또 다른 Y선택으로 파악할 수도 있다. 결정의 붕괴 과정에서 이성적 의사결정 과정으로 전환하려면 선택사항의 경중과 균형을 현실적으로 살펴보아야 한다. 그리고 최선의 선택사항을 제때 실현해야 한다. 후퇴와 전진 사이에서 Y선택을 해야 한다면 이 표를 활용해보라. 말과 기수 중에서 누가 상황을 지휘하는지 묻는 것도 유용하다.

결정의 붕괴 과정	이성적 의사결정 과정
모호하고 불분명한 문제 정의	명료하고 분명하며 측정 및 달성 가능한 목표가 함께 제시되는 문제 규정
감정에 의존한 판단	긍정적 가치와 윤리를 고려한 이성적 접근
회피에 초점을 둔 자기함몰 관점	규정된 문제를 해결하는 행동에 초점을 둔 자기관찰 관점
우유부단함의 상승작용	문제 해결 행동의 상승작용
의사결정의 지연	결정을 행동으로 옮기기 위한 자연스러운 확장과 결단

Review 좋은 의사결정의 조건

- 결정은 피할 수 없다. 그러니 결정을 하겠다고 결정하는 편이 좋다.
- 명확함과 방향성을 찾으려면 불확실성과 대면하라.
- 대안과 결과를 고려하라. 행동하지 않을 때의 결과도 고려하라.
- 문제 해결 행동을 보완하라.
- 무엇이 효과적이고 무엇이 그렇지 않은지, 해결책 조정을 위해 무엇이 필요한지 고민하라.
- 다음 도전을 받아들여 당신의 긍정적 능력이 충분히 실현되도록 밀어붙여라.

회피 충동을 파고드는 법

19세기 프러시아 군사 전략가 카를 폰 클라우제비츠가 쓴 《전쟁론*Vom Kriege*》이라는 책은 전략적 계획 수립을 추구하는 수많은 경영자들의 필독서이다. 전략 계획에 대한 이 책의 내용은 끊임없는 변화에 적응해야 하는 기업들이 원동력을 얻고 앞으로 나아가게 하는 데 도움이 된다. 우유부단함에서 벗어나 의사결정의 질을 높이고 생산적 결과를 즐기기 위해서도 유용한 내용이다.

전략적으로 기선을 제압하라

폰 클라우제비츠의 접근은 전략적 계획 수립과 실행을 중심으로 한다. 우선 전략이란 핵심 목표를 달성하기 위한 전술들이 포함된 군사 계획이라고 정의할 수 있다. 전술은 개개 전투를 위한 소규모 계획이다. 그러나 전략과 전술 개념은 전쟁뿐만 아니라, 미루는 습관을 극복하는 데도 적용할 수 있다.

폰 클라우제비츠의 책에서 뽑은 일곱 가지 원칙을 미루기 극복에 필요한 전략으로 바꿔 살펴보자. 중요한 것에 초점을 맞추라는 것, 그리고 효율적 행동을 위해 시간과 속도를 지키라는 것이 이 전략의 핵심 메시지이다.

: 준비의 원칙

승리는 그냥 얻을 수 있는 것이 아니다. 실행에 앞서 철저한 이해와 준비가 필요하다. 상황이 계획을 결정하고 그 유용성을 드러내준다. 의사결정은 그 결정에 앞서 이루어진 준비의 영향을 받는다.

- **인식**: 긴급 상황이 단호한 행동을 요구한다 해도 여러 가지를 고려해 치밀하게 짠 계획은 문제 해결 능력을 향상시킨다.
- **행동**: 행동에 돌입하기 전에 가능한 한 많은 자료를 수집하고 준비하도록 충분한 시간을 투자하라. 계획을 시험하고 평가하라. 이는 당신 자신에 대한 시험이나 평가가 아님을 기억하라.

: 변용의 원칙

특정 규칙이 모든 상황에 적용될 수는 없다. 상황에 따른 변용이 필요하다. 하지만 동일한 요소들이 다시 나타난다면 계획 단계가 간략해질 수 있다.

- **인식:** 미루기의 원인과 유형은 다양하다. 하지만 덜 생산적인 방향으로의 회피 같은 공통 요소도 존재한다.
- **행동:** 특정 요소와 공통 요소를 구분하고 두 요소를 모두 처리할 수 있도록 행동을 조정하라. 이를테면 경험 의존이 의사결정 미루기의 특정 요소가 될 수 있다. 이 경우 경험 의존을 처리할 수 있도록 접근법을 수정해야 한다.

: 집중의 원칙

중요한 것에 주의를 집중하고 시간과 에너지를 분산하지 말라. 노력을 집중해 최대의 효과를 얻어내야 한다.

- **인식:** 미루기는 주의력을 분산시키는 행동들의 집합이다. 생산적 과정과 결과물에 주의를 집중하는 것은 혁신적 전환이 된다.
- **행동:** 평소 미루어왔던 영역을 정해 자원을 집중해보라. 불필요한 회피 욕구를 억제하면서 그 일에 온 정신을 모으는 것이다.

: 균형과 가속도의 원칙

원하는 결과를 얻기 위해 필요한 만큼의 시간과 자원만 사용하라. 머뭇거림이 전략이 아닌 한, 시간을 낭비하지 말고 끝까지 완수하라.

- **인식:** 생산적 행동이 힘들고 부담스럽게 느껴져 회피하고 싶을 수 있다. 그렇다면 최소한의 노력을 들이고 최고의 결과를 산출하는 방법이 무엇인지 생각해보라.
- **행동:** 선택한 행동을 끝까지 완수하며 정해둔 시한과 속도를 유지하라.

: 용기의 원칙

공격하고 열성적으로 전진하라. 성공의 보장은 없지만 전진은 긍정적이다. 최선의 결과를 낳지 않는 한 방어와 퇴각은 부정적이다.

- **인식:** 의사결정 미루기는 부정적인 후퇴이며, 이성적 접근은 긍정적인 전진이다.
- **행동:** 도전적 사고를 어떻게 사용해 생산적인 행동을 전진시킬지 숙고하라. 그리고 긍정적인 도전의 언어로 생각하는 법을 연습하라.

: 효율성의 원칙

더 이상 퇴각이 불가능하게 될 정도로 스스로를 궁지에 몰아넣지 말라. 문제에서 빠져나오려고 애쓰는 것보다는 애초부터 문제를 피하는 편이 낫다.

- **인식:** 우유부단함에서 비롯된 미루기는 곤란한 상황을 낳을 수 있다. 지금 행동하지 않으면 나중에 감당하기 어려운 문

제로 이어진다.

- **행동:** 곤란함을 피하는 것이 목적이라면 지금 시작할 수 있는 계획을 세워라. 퇴각은 선택사항이 아니다.

: 집요함의 원칙

적을 포위하고 전투의 결정적 계기를 만들어라. 퇴각할 길을 열어주지 말라. 통신을 차단하라. 물자 공급을 끊어버려라.

- **인식:** 의사결정 미루기를 극복하기 위한 모든 시도가 저마다 결정적 계기가 되도록 하라. 결정적 행동에 초점을 맞춰라.
- **행동:** 의사결정 미루기의 약점, 회피 충동을 파고들어라. 자동화된 미루기 행동을 파괴하라. 회피 충동을 억누를 수 있도록 '당장 해치우기' 전략을 열성적으로 밀어붙여라.

의사결정 미루기를 극복하기 위한 당신의 전투에서 일반적인 원칙은 계획을 세워 불확실성의 영역으로 들어가라는 것이다. 당신은 계획을 실행하면서 상황에 대한 명료성과 방향성을 얻게 될 것이다. 의사결정 미루기와 다른 유형의 미루기가 결합된 경우에도 이 일반 원칙을 적용하면 된다.

단호하게 행동하는 습관은 하루아침에 형성되지 않는다. 이성적 목표를 향해 곧바로 접근하여 이성적 노력을 기울이는 자신의 모습에 익숙해져야 한다. 이러한 '익숙해지기 결정'이 우유부단한 의사결정 정지 유형에서 당신을 벗어나게 할 것이다.

불안이나 공허함을 회피하기 위한 행동

벽지 한쪽이 벌어지면서 떨어지기 시작한다. 당신은 부분 도배를 해야겠다고 생각한다. 그러려면 먼저 풀을 사러 가야 하고 도배 장비를 찾아야 한다. 머리를 긁적거린다. 당장 시작하기에는 너무 일이 많다. 도배는 나중에 하자고 생각한다. 그 사이에 지렁이를 몇 마리 잡아 낚시를 떠난다. 돌아오니 여전히 떨어진 벽지가 눈에 들어온다. 하지만 정원의 덤불 손질이 더 끌린다. 몇 주가 지나도 여전히 미룰 핑계가 많다. 벽지를 손보는 것이 뭐 그리 큰일인가? 사실 그렇지는 않다! 결국 버티면 버틸수록 일을 시작하고 끝내기는 더 어려워진다.

행동적 회피는 미루기의 특징이다. 불편한 것이 싫어 혼자 하는 카드놀이를 즐긴다. 강의에 집중하여 필기하는 대신 딴청을 피운다. 이건 사소한 문제가 아니다. 행동적 회피는 건강 미루기의 결정적 요인이 된다. 건강과 행복을 증진시키는 건전한 생활습관을 미루기 때문이다.

행동적 회피는 그저 건강한 생활방식을 추구하지 않는 것으로 그치지 않는다. 때로 더 심각한 결과를 낳기도 한다. 예를 들어 우울함을 심하게 느낄 때 그 우울함을 해결하려 하지 않고 대신 술을 마시는 경우가 있다. 우울할 때마다 술을 마시다 보면 알코올 남용 상태가 되고, 이는 다시 우울함을 악화시킨다. 이런 순환 구조를 모르면 술 마시는 것이 회피 행동이라는 점도 모를 것이다. 미루기와 함께 어느새 심각한 문제 습관이 자리 잡게 된 셈이다. 폭식은 불안감이나 공허함을 회피하기 위한 행동일 수 있다. 그러다가 심장병 약을 먹지 않게 된다. 먹기 힘든 약 대신 코코아를 마시면 된다고 생각한다.

회피 행동의 사례는 예부터 전해진 이야기에서도 찾을 수 있다. 《이솝 우화》를 보면 거북이와 달리기 시합을 하다가 낮잠을 자버리는 토끼라든가, 여름 내내 빈둥거리다가 혹독한 겨울을 맞는 베짱이가 등장하지 않던가.

가장 시급하고 중요한 활동을 회피하는 것이 아니라면 그것은 미루기가 아니다. 지금부터는 행동적 회피를 어떻게 끝낼지, 새로 얻은 시간을 어떻게 생산적으로 활용할지 설명하려 한다. 행동적 회피를 비켜가는 방법, 유용한 시간 관리법, 인지 행동적으로 생산성을 높이는 기법, 자기 관리 기법 등을 다루게 될 것이다.

회피가 회피를 부른다

행동적 회피는 미루기의 신호탄이다. 회피 행동이 생산적 활동을 대체하기 때문이다. 내일 있을 시험 공부를 하는 대신 친구들과의 모임에 가고, 불편한 갈등을 처리하는 대신 쇼핑을 한다. 프레젠테이션을 해야 하는 두려움에서 벗어나기 위해, 자료 준비는 하지 않고 책을 읽으며 시간을 때우기도 한다.

하나의 회피 행동은 다른 회피 행동으로 줄줄이 연결되기도 한다. 가령 골치 아픈 업무를 해결하는 대신, 최신 증권가 뉴스를 읽고 서점을 둘러본 후 낮잠 한숨 잤다가 친구에게 전화를 거는 식으로 연달아 일어나는 것이다.

생산성을 높이기 위한 도구가 오히려 회피 행동에 동원되는 역설적인 상황도 벌어진다. 컴퓨터는 업무의 생산성을 높이는 도구이지만, 불편한 상황을 피하려 할 때 업무를 하는 대신 친구들에게 이메일을 보내거나 인터넷 서핑을 하는 데 사용되기도 한다. 이동전화, PDA, 태블릿 PC 역시 중요한 의사소통 도구이지만 업무 회피용으로도 적지 않은 역할을 해낸다.

회피 행동을 극복하려면 자신에게 주어진 선택사항부터 알아야 한다. 자동화된 회피 행동으로 빠지고 싶지 않다면 다음 표에 나타난 두 행동들을 비교해보자.

행동적 회피	미루기에서 벗어나는 대안적 행동
1. 게임을 하거나 인터넷 서핑하기	1. 애초의 계획대로 단계를 밟아나가기, 한 시간 동안 집중하여 일한 후에 보상으로 10분 동안 게임이나 인터넷에 시간 쓰기
2. 드라이브 하기	2. 다시 집중해 일하기
3. 친구에게 전화 걸어 수다 떨기	3. 친구에게 전화 걸어 일에 집중할 수 있는 방법에 대해 의논하기

이제 이것을 분석 수준으로 끌어올려보자. 그리스 철학자 에피쿠로스Epicouros는 행동의 성과를 그 부작용과 비교하라고 하였다. 회피 행동은 핑계 대기, 미루는 습관 강화하기, 끝내지 못한 일들 때문에 마음 불편하게 살아가기 등의 부작용을 낳는다. 반면 '당장 해치우기'라는 대안에는 관성에 저항해야 한다는 부담감이 부작용으로 따를 수 있다.

시간 관리는 효율적인 행동 기법일까?

시간 관리는 효율성을 높이기 위해 시간을 절약하는 아이디어와 방법을 말한다. 이는 시간이 어떻게 사용되고 있는지 분석하고 우선순위를 결정하여, 가장 중요한 일을 해낼 수 있도록 계획을 세우게끔 한다. 그러므로 시간 관리가 잘 되면 생산적 활동을 할 수 있는 시간이 더 많이 확보될 것이다.

이런 시간 관리법이 미루기 행동의 해결책이 될 수 있을까? 데드라인 미루기 같은 경우에는 유용할지 모른다. 하지만 시간 관리법은 그런 관리가 가장 필요 없는 사람들에게 가장 유익한 것이 보통이다. 또한 직원들에게서 더 많은 업무 시간을 짜내는 기법으로 주로 사용된다는 나름의 문제점도 있다.

생산성에는 예상 밖의 측면이 존재한다. 지난 이십여 년 동안의 연구 결과들을 보면 최고의 생산성은 자기결정권 확대, 훈련과 교육, 협력적인 팀 분위기 등 인적 자원을 강화하는 과정을 통해 얻어졌다. 정확한 일정의 운용, 품질 관리, 공급 업체와의 협력 같은 요소들로 생산성이 증가한 경우는 이보다 훨씬 적었다. 결국 자기 일을 스스로 통제하는 것이 미루기 행동을 줄이고 생산성을 높이는 데 훨씬 중요하다고 결론을 내릴 수 있지 않을까?

제조업의 측면에서 보자면 생산성은 같은 인원으로 더 많은 일을 해낼 때, 혹은 적은 인원으로 전과 같은 수준의 일을 해낼 때 높아진다. 생산성은 한 시간 동안 한 명의 노동자가 해내는 일의 양으로 측정되는데, 대부분의 기업들은 이런 시간당 생산성을 높이고자 애쓴다. 이렇게 시간 기준으로 생산성을 환산할 경우, 생산성 증가는 시간을 얼마나 효율적, 효과적으로 사용하느냐에 달려 있다.

하지만 업무가 달라지면 기대되는 생산성도 달라질 수밖에 없다. 제조업의 생산라인 방식을 의료계에 그대로 적용한다면 의료의 질이 손상된다. 그럼에도 경영이라는 관점에 충실한 기업형 병원들은 의사의 환자 진료시간을 단축하려 든다. 기계처럼 일하는 의사는 곧 기력이 소진될 위험이 크지만 병원은 기력이 소진된 의사를 다른 의사로 교체하면 그만이라고 여긴다. 이런 근시안적 시간 관리 관행은 의료 인력이라는 한정된 자원을 심각하게 낭비하는 결과를 가져온다.

교사는 또 어떤가? 가르치는 속도를 두 배로 하면 많은 학생들이 따라오지 못하고 포기해버릴 것이다. 학습은 차근차근 축적되는 과정을 밟아야 하고 새로운 지식과 복잡한 기술을 익히려면 충분한 시간이 필요하다. 물론 숙제 검사나 수업 준비에 들어가는 시간을 효율적으로 처리하는 교사가 더 많은 자유시간을 얻을 수 있는 측면도 있기는 하다.

행동적 요소만으로는 안 된다

일상생활에서 시간에 주의를 기울이면 비용이 절약된다. 납부 기한을 어겨 벌금을 낼 필요가 없다. 천장이 온통 얼룩덜룩해지기 전에 지붕을 고칠 수 있다. 때를 놓쳐 엔진 전체를 교체할 필요 없이 자동차 냉각장치의 구멍만 손봐주면 된다.

유지보수의 태만은 시간 관리보다는 미루는 습관과 더 밀접하게 관련된다. 재앙은 피하는 것이 당연하지 않은가. 그런 사실을 알고 있는 경우에도 미루기는 강력한 힘을 발휘한다. 온수장치 수리를 다음으로 미뤄 시간을 절약하는 것의 장점보다는 더운 물이 나오지 않는 상태로 지내는 것의 문제가 훨씬 더 심각한데도 말이다. 결국 우리는 미루기의 결과로 뒤처지고 핑계를 대야 하고 기한을 연장해야 하는 상황에 처하고 만다.

시간 관리의 큰 문제는 시간 관리를 시작하는 것 자체가 미뤄질 수 있다는 점이다. 일단 무작정 적용했다가 나중에 포기하게 되기도 하는 것이다. 또한 시간을 조직한다는 기계적 접근으로는 단순 미루기의 자동화된 문제 습관도, 복합적 미루기에 동반되는 조건들도 해결하기 어렵다. 시간 관리 개념을 둘러싼 다른 문제들도 있다.

- 시간 관리는 같은 월급을 주고 더 많은 생산력을 끌어내기 위한 것이다. 이에 대해 부정적인 인식이 퍼진다면 저항과 비난이 생산성 향상이라는 혜택 못지않게 커질 우려가 있다.
- 우선순위 결정은 무엇을 가장 먼저 해야 할 것인지 판단하는 과정이다. 그런데 경영만능주의적 관점으로 이런 결정 과정에 접근하면 개인들의 심리나 업무 상황의 차이를 제대로 반영하지 못할 수 있다.
- 시간 관리는 시간을 재화로, 노동자를 시간표에 맞춰 움직이는 기계로 인식한다. 이런 접근은 인간이 일에 부여하는 내면적 가치를 경시한다. 자아통제나 자기결정권이 모두 시간 관리로 대체되고 만다.

시간 관리는 같은 시간 동안 더 많은 가치를 끌어낸다는 의미를 갖긴 하지만 미루기를 공략하기에 적절한 접근법은 아니다. 행동적 요소만으로는 만성적 미루는 습관을 해결하기 어려운 것이다.

생각 멈추기 연습

미루기에서 자유로워질 방법이 무엇이냐고 부처에게 묻는다면 미루기로부터의 자유를 욕망하지 말라는 대답을 들을지도 모른다. 욕망이 곧 벽이 되고 자아가 너무 많은 자리를 차지하게 될 테니 말이다. 욕망하지 말고 무욕의 상태가 되어야 한다. 이렇게 생각해보면 부처가 할 일 목록을 만들었을 것 같지는 않다.

사람들마다 갖고 있는 목표, 가치관, 철학, 영적 관심은 서로 다르다. 부처와 같이 고매한 영적 상태를 지향한다면 경쟁과 성과 중심의 세상으로부터 거리를 두어야 한다. 할 일 목록에서는 얻을 것이 없을 것이다. 성취하고자 하는 바가 무엇인지 이미 알고 있고 인식과 경험이 안내자가 될 테니 말이다.

반면 업무 효율성을 높이려면 자기발전과 개선에 가치를 두어야 한다. 당신이 생산한 결과물은 이 과정의 부산물일 것이다. 미루는 습관에 대한 인식과 깨달음을 넘어서 실천 단계로 가지 않는 이상 미루기 극복은 어렵다. 파도에 맞서 목적지로 향하려면 배에 올라타 노를 저어야 한다.

미국의 어느 코미디 프로그램에서 심리학자 역할로 출연했던 배우 밥 뉴하트Bob Newhart가 입에 달고 다닌 대사가 "생각을 멈춰Stop it"였다. 이 접근법을 미루기에도 적용할 수 있을까? 뉴하트에게는 개그를 위한 농담이었을지 몰라도 '생각 멈추기'는 연습을 통해 훌륭한 해결책으로 활용될 수 있다.

생각 멈추기는 신속하고 긍정적인 결과를 낳는 것으로 행동 치료에서 이미 인정받은 기법이다. 자동화된 미루기 의사결정이 발동하려는 것을 느낄 때마다 마음속으로 '멈춰!'를 외쳐보라. 예를 들어 자신도 모르게 "나중에 하자"라고 혼잣말이 나왔을 때, 곧장 '멈춰!'라고 외치는 것이다. 이런 생각 멈추기 전략을 실행으로 옮겨서 잃을 것은 거의 없다. 이렇게 외친 후 늘 미루던 일을 시작할 수 있도록 계획을 짜보라.

할 일 목록을 만들자

할 일 목록은 잊지 말고 해야 할 일들을 기록한 것이다. 목록에서는 일들이 중요도 순으로, 혹은 해야 할 순서에 맞춰 배열되기도 한다. 예를 들어 세탁소에 들러 세탁물을 찾고 오는 길에 우유를 사고, 집에 와서 치과 예약 전화를 한다는 식으로 쭉 목록화하는 것이다. 일상적으로 반복되는 일들을 목록에 적어두어 더 이상 주의를 빼앗기지 않도록 한 뒤 중요한 일을 처리하는 방식도 있다.

할 일 목록은 1~5개 정도로 짧을 수도 있다. 짧은 목록은 중요한 몇 가지 일에만 집중해야 할 때 유용하다. 생각나는 일을 몽땅 다 적어둔 목록은 비현실적이고 자칫 엄두가 나지 않게 만들 수 있다.

인터넷을 찾아보면 다양한 할 일 목록 디자인이 나와 있다. 마음에 드는 것을 복사하기만 하면 된다. 컴퓨터를 켤 때마다 화면에 할 일 목록이 뜨도록 하는 것도 좋다. 해야 할 일과 피해야 할 회피 행동을 함께 적은 목록도 만들 수 있다. 다음과 같은 형식은 어떨까?

해야 할 일	완료	회피 행동	극복

완료된 일에는 표시를 해둔다. 자신의 성취를 눈으로 확인하는 것이다. 회피 행동을 피했을 때에도 표시를 한다. 극복 표시 하나 하나는 생산적 과정에서 미루기 방해 요소를 하나 제거했다는 신호가 된다.

Review 지워나가는 계획표

지워나가는 계획표는 할 일 목록을 살짝 변형한 것이다. 이 계획표에서는 먼저 목표를 명시하고 업무 단계를 목록화한 후, 완료된 단계를 지워나간다. 가위표를 긋고 지우는 행동 자체에서 보상을 얻는 느낌이 들 수 있다. 계획표는 다음과 같은 형태로 작성해볼 수 있다.

목표: 연방 법규 변화에 대한 정보 전달하기

업무 단계	완료 여부
1. 새로운 법규 내용 확보하기	
2. 보고서 쓰기	
3. 보고서 편집 의뢰하기	
4. 우편 목록 관리 프로그램 실행하기	
5. 보고서 발송하기	

지금부터 1년 후…

역순 계획을 통해서는 지금으로부터 1년 후의 시점에서 지난 한 해 동안의 생산적 시기를 되돌아본다고 상상할 수 있다. 운동 계획을 예로 들어 그 과정을 구체적으로 살펴보자.

1년 후 당신은 누구나 부러워하는 멋진 몸매를 갖고 있다. 일주일에 세 번 45분씩 운동하는 것을 최우선 순위로 놓고 노력한 결과이다. 거기서 출발해 현재 시점까지 되짚어보면 다음과 같다.

5단계: 한 해 동안 노력한 결과 몸매도 다듬어졌고 활력이 넘친다.

4단계: 느슨해지는 일 없이 계획대로 밀고 나간다.

3단계: 그에 앞서 생전 처음으로 체육관에 나가
운동 프로그램을 시작한다.

2단계: 그에 앞서 체육관에 전화를 걸어 약속을 잡는다.

1단계: 그에 앞서 현재의 내 모습이 불만스럽다는 점을 인정하고
원하는 모습으로 거듭나겠다는 목표를 세운다.
그리고 그 목표를 방해하는 요소들을 단호히 거부한다.

역순 계획이 시간을 되짚어 마지막으로 도달하는 첫 단계가 바로 당신의 출발점이 된다.

역순 계획은 결과를 눈앞에서 보여준다는 점에서 가치를 지닌다. 우리는 결과에만 마음이 쏠린 나머지, 그 결과에 도달하기까지의 여러 단계를 간과하기 쉽다. 장기적 목표를 달성하려면 중간에 거치는 과정 역시 볼 수 있어야 한다. 따라서 습관적으로 반복하던 회피 행동에서 벗어나 생산적 행동방식이 자리 잡는 것이 분명히 드러나도록 계획을 잡는 것이 매우 중요하다. 그렇게 하지 않으면 생각했던 계획이 자칫 허망한 새해 맹세에 그치고 다시금 미뤄질지 모른다.

계획표는 원하는 바를 향해 나아가면서 장애물을 넘도록 도와준다. 계획을 실행하고 시작한 일을 지속해야만 실제 보상을 얻게 될 것이다. 내가 넘어야 할 다음 단계에 대한 인식이 명확하다면 구체적으로 행동에 옮기기가 훨씬 쉽고 간단해진다.

조직화하고 단순화하라

조직화 자체가 미루기를 극복하게 해주지는 않는다. 하지만 조직화는 분명 효율성을 한 차원 높이고 제대로 끝내지 못한 일들이 쌓여가는 상황의 스트레스를 줄여준다. 이러한 측면에서 조직화는 해결책의 일부가 될 수 있다. 제대로 조직화 체계를 갖추지 못한 사람은 자기 자신 또한 조직적이지 않은 존재로 보게 된다. 일상을 통제하려면 조직화 체계가 꼭 필요하다. 조직화는 아래와 같은 간단한 방법으로 일상의 삶에서 시도해볼 수 있다.

- 반복되는 일(청구서 처리, 청소, 자동차 오일 교환 등)의 시간 계획을 세우고 지키기
- 중요한 물건(열쇠, 읽어야 할 자료, 청구서 등) 두는 자리를 정해두기
- 시간은 많이 잡아먹지만 의미 없는 일들(이메일 광고 확인, 쓸

모없는 읽을거리 등)은 생략하기

- 효용보다 비용이 더 큰 대청소 등의 활동을 대신할 사람 구하기
- 필요한 물품은 인터넷으로 주문하여 받기
- 집중해야 하는 일은 방해받을 확률이 가장 낮은 시간에 배치하기
- 꼭 잊어버리고 마는 일을 환기할 방법 마련하기(휴대폰을 이용해 알람을 설정하거나, 손목에 고무 밴드를 감아서 확인하는 것도 효과적이다.)
- 지나친 조직화나 과도한 스케줄 피하기

조직화 체계를 도입해도 행동적 미루기가 뒤따를 수 있다. 정보를 수집해 체계를 만들고도 사용하지 않는 것이다. 행동적 미루기라는 장벽을 넘어 효율성에 도달할 수 있도록 자신을 부지런히 채찍질해야 할 때도 있다. 한 걸음 더 전진하기 위해 할 수 있는 일이 무엇인지 스스로에게 질문을 던지며 마음을 다잡아라.

소리 내어 자기 행동을 지시하라

"처음에 해야 할 일이 무엇이고, 두 번째 할 일은 무엇이다." 이렇게 스스로에게 말로 지시를 내리면서 과정을 진행해보라. 목표

를 구체적이고 측정 가능한 표현으로 바꿔라. “지금부터는 단계별 계획을 수립하자”, “지금부터는 첫 번째 단계를 밟아나가자”라는 식으로 자신에게 말하는 것이다. 과정을 마무리할 때에는 “지금까지의 과정을 정리하고 조정이 필요한 부분을 확인하겠다”라고 말하는 것도 도움이 된다.

이렇게 소리 내어 행동을 지시하는 것은 여러 방면으로 효과적이다. 우선 회피 충동을 막을 수 있다. 미루는 행동이 발생하기 전에 예방적 학습 행동을 시도할 수 있다. 더 빨리 시작하고 더 빨리 끝낼 수도 있다. 결과가 개선되는 효과까지 나타난다.

스스로에게 말로 지시하는 방법은 스포츠에서 이미 효과가 입증되었다. 스포츠심리학자인 존 맬로우프John Malouff와 콜린 머피Colin Murphy에 따르면 “퍼팅 전에 자세를 곧게 해”와 같이 자기 지시를 내린 골프 선수들의 기록이 크게 향상되었다고 한다. 또한 충동적인 성향의 아이들이 자기 지시를 통해 더 나은 학교 생활을 하게 되었다는 연구 결과도 있다.

가장 복잡한 도전도 시작은 단순하다. 이론물리학 박사학위도 단순한 의문에서 출발하곤 한다. 그러므로 복잡한 업무를 처리해야 한다면 일단 작은 단위로 나누어 처리 가능한 단계들로 만들어보라. 가령 프로젝트 관리자 입장에서 팀원들이 서로 나눠 맡을 일을 정한다고 상상해보자. 첫 번째로 해야 할 일, 그 뒤를 이을 두 번째, 세 번째 단계는 무엇인가? 첫 단계를 위해 어떤 지시를 내리겠는가?

이제 시점을 전환하자. 스스로에게 지시를 내리는 것이다. "제일 처음에는 ________을 하겠어. 다음으로는 ________을 하면 되지." 지시한 대로 첫 단계를 끝내고 두 번째 단계로 넘어가라.

요점은 단계를 단순화해야 한다는 것이다. 첫 번째 단계는 전화 걸기, 컴퓨터 켜기, 책장 펼치기, 펜과 종이 준비하기와 같이 간단명료하게 만들어야 시도하는 데 부담이 적어진다.

5분 계획 사용법

5분 계획을 지속적으로 사용하면 미루는 습관이 바뀐다. 일단 일을 시작하는 데 처음 5분을 쓴다. 5분이 지나면 다음 5분 동안 계속 그 일을 할지 말지 결정한다. 그렇게 계속 5분마다 결정을 내리면서 중단을 결정할 때까지 일을 계속한다. 중단하게 되면 몇 분 동안 휴식하면서 다시 5분 계획을 실행할 준비를 한다.

5분 계획은 중장기 프로젝트를 시작할 때 특히 유용하다. 첫 번째 5분에서 일을 시작하지 못하고 미뤘다면 어떻게 해야 할까? 다시 처음으로 돌아가면 된다. 이때는 바로 일을 시작하는 대신 무엇을 했는지 스스로에게 물어보라. 그 대답은 당신이 해결해야 할 근본적인 문제를 짚어줄지도 모른다.

최근에 나를 찾아온 태드는 법정 변론 준비를 도무지 시작할 수가 없었다. 재판이 걸린 사안은 무척이나 복잡했다. 설상가상으로 더 크고 잘나가는 법률회사의 거물급 변호사를 상대해야 할 상황이었다. 태드는 주눅이 들었다.

대화를 해본 결과 태드는 법정에서 자기 변론이 마구 공격 받아 박살날지 모른다는 불안감에 시달리고 있었다. 하지만 아직 제대로 논거도 세우지 못한 시점이었으므로 어디서 어떻게 박살나게 될지는 알 수 없다고 했다.

그날 우리는 5분 계획 사용법을 도입했다. 태드는 5분 계획 사용법을 숙지하고, 폰 클라우제비츠의 책에서 '준비의 원칙'에 대한 부분을 읽기로 했다.

내 설명과 폰 클라우제비츠의 글에서 영감을 얻은 태드는 5분 계획 원칙에 따라 정보를 수집하고 법조문을 분석하였다. 전문가들의 조언도 구했다. 마침내 운명의 그날이 왔을 때 법정에서 창피를 당하고 나간 사람은 태드가 두려워했던 바로 그 거물급 변호사였다. 태드의 변론은 탄탄하고 설득력 있었다. 판사는 태드의 철저하게 준비한 변론을 칭찬했다. 이후 태드는 5분 계획의 열광적인 팬이 되었다.

파일 세 개 전략

종이 파일 혹은 컴퓨터 파일을 세 개 준비해라. 그리고 파일에는 각각 '따라잡기', '지속하기', '앞서가기'라는 이름을 붙여라.

'따라잡기' 파일에는 지금까지 미뤄온 시급하고 중요한 일을 넣

어라. 이미 지나가버려 되돌아오지 못하는 일들은 내던져버려도 좋다. '지속하기' 파일에는 현재 하는 활동, 예를 들어 '지워나가는 계획표'(181페이지 참조)에 있는 내용을 넣으면 된다. '앞서가기' 파일은 한 단계 도약할 수 있을 때 관심사를 발전시키고 삶을 더 편하게 해줄 일을 담는 곳이다.

매일 '따라잡기' 파일을 점검하고 처리한 후 비워버려라. '지속하기' 파일의 내용이 자칫 '따라잡기' 쪽으로 넘어가지 않도록 관리하는 것도 중요하다. '앞서가기' 파일 또한 매일 살펴라. 장기적 목표를 위해 해야 할 일들이기 때문이다.

우리는 단기적 과업, 예를 들어 치과 진료 예약 취소 같은 일을 늘 미루곤 한다. 예약을 취소해야 한다면 그 생각이 떠오른 순간 바로 해야 한다. 그래야 좀 더 생산적인 다른 일에 마음을 쓸 수 있다. 기억해야 할 일의 목록을 줄일 수 있고 막판에 취소하느라 허둥거릴 위험도 없어질 것이다.

사소한 일상의 일을 이렇게 처리하는 것만으로도 장기적으로 커다란 변화가 생겨난다. 작은 일이 미뤄진 끝에 커다란 재앙으로 자라나는 것을 막을 수도 있다. 생각한 일을 바로 처리할 수 없다면 수첩에 메모하거나 녹음해두라. 그리고 짬이 날 때 확인하고 가장 먼저 처리하라.

당신의 활동을 조직하고 통제할 방법들은 알고 보면 무척 다양하다. 그러나 복합적 미루기가 뿌리 깊은 경우라면 모든 수단을 한꺼번에 동원해야 할지도 모른다. 힘겨울 때 의지할 수 있는 사람이 누구인지 생각해보라. 물론 실제로 전화하는 일은 거의 없을지 모른다. 언제든 전화해 도움을 요청할 수 있다는 것을 아는 것으로 충분하기 때문이다.

행동에 집중하고 지속하라! 어떻게 변화를 이끌어낼지 계획을 수립하고 변화를 시작하라. 시작할 날짜를 정하라. 결심을 모두에게 공표하라. 친구에게 정기적으로 당신의 변화를 지켜봐달라고 부탁하라. 정해진 날짜와 시간에 첫걸음을 내디뎌라. 계획이 수정될 것을 예상하고 주저 없이 수정하라. 발전 상황을 기록하라. 장기적으로 얻게 될 혜택과 장기적으로 면하게 될 손해를 자주 상기하라. 힘을 내서 앞으로 전진하라.

자신에 대한 높은 기대치를 조정하라

미루는 습관에는 눈덩이 효과가 있다. 회피 행동 하나가 다른 회피 행동으로 이어지며 점점 커지는 것이다. 앞에서 사건-판단-결과-교체-효과 접근법이 복합적 미루는 습관을 성공적으로 극복하게 한다고 했던 것을 기억하는가. 더욱 종합적이고 구조화된 인지 행동 연습은 또 다른 강력한 방법이 된다.

인지 행동으로 교정하라

어려운 보고서 작성 업무를 맡은 브래드의 경우를 예로 들어보자. 인지 행동 접근법은 브래드가 일을 미뤄온 회피적 태도와 전혀 달랐지만 해야 할 일을 구조화시켜 준다는 점에서 그의 마음에 들었다.

브래드는 자신의 미루기 과정, 앞으로의 변화 단계, 시작할 시점, 그리고 얻게 될 결과를 정리했다. 백 마디 말보다 한 개의 표가 더 가치 있는 법이다. 이제부터 브래드가 어떻게 계획을 실행하면서 미루기를 극복했는지 살펴보자. 일단 상황을 파악하기 위한 배경 정보부터 알아둘 필요가 있다.

브래드는 빠르게 성장하는 금융 컨설팅 회사에서 인사부장으로 승진했다. 그 회사에는 예전의 법률 자문이 만들어놓은 임직원 업무 지침 책자가 있었는데, 내용도 시대에 뒤떨어지고 여러모로 쓸모가 없었다. 사장은 회사 로고, 회사의 역사와 미션, 기업 정책 방향 등을 멋지게 담아내고 필요한 법규까지 포함한 새 지침서를 만들고 싶어 했다. 인사부장인 브래드가 당연히 그 일을 맡아야 했다. 브래드는 회사의 노무 담당 변호사와 직접 연락할 수 있는 사이였으며, 글도 잘 쓰기로 유명했다.

하지만 브래드의 마음은 달랐다. 안 그래도 고속 성장하는 회사에서 늘 과중한 업무에 시달리는 상황이었다. 새로운 업무는 생각만 해도 머리가 지끈거렸다. 그는 지침서 작성을 뒤로 미뤘고 두 차례나 데드라인을 넘겼다.

브래드는 더 이상 미루다가는 해고될지도 모르겠다는 걱정이 들기 시작했다. 막다른 길에 몰린 꼴이었다. 평소 자신이 조직화가 잘된 사람이라고 자부했지만 지침서 작성 업무는 예외였다. 관련 자료들은 사무실 여기저기에 쌓여 있었다. 성희롱, 상사와의 갈등, 병가 신청, 약물 검사, 건강 관리, 교육 지원, 퇴직 계획, 실적 평가, 고충 처리 등에 대해 수집한 정책 자료들, 법률 자문과 여러 차례 진행했던 회의 자료들까지 잔뜩 넘쳐났다. 브래드는 지친 목소리로 "이 종이들 틈에서 숨이 막힐 것 같아"라고 중얼거렸다.

브래드는 복합적 미루기 상황에 처해 있었다. 사장의 기대에 미치지 못할까봐 두려웠고 자신에 대한 기대치도 높았다. 시작하지도 못하는 일을 걱정하면서, 정작 지금 하는 일에 집중하지 못했다. 업무 지침서는 회사의 얼굴이자 자기 능력의 시험대라 여겼다. 그럼에도 벌써 데드라인을 두 번이나 넘겼고, 이번이 아마도 마지막 기회일 터였다.

나는 브래드가 일을 미루게 만드는 계기에 대해 이야기를 나눴고 자신에 대한 높은 기대치, 실패에 대한 불안에 따른 행동적 회피 등 몇 가지 핵심 문제를 뽑아냈다. 브래드는 머뭇거리면서 자기가 온라인 트럼프 게임에 빠져 있으며, 그것이 제일 큰 방해 요인이라고 고백했다. 게임에 시간을 빼앗긴 후 허둥지둥 다른 일을 해왔다는 것이었다.

브래드는 먼저 기대치를 조정하는 법을 익혔고, 업무 지침서 작업이 자신의 인간적 가치와는 별개의 것이라는 점도 신속히 이해했다. 작업 성과가 자기 가치를 결정하지는 않는다는 것에 안도하기도 했다. 하지만 어떻든간에 작업은 해내야 했다.

그리하여 브래드는 여러 방법 중에서 도식화와 교정 접근법을 택했다. 이 접근법은 크게 다음과 같은 순서를 거친다.

1. 일을 미루면서 자신이 거치게 되는 과정 기술하기
2. 앞으로의 변화 단계 정리하기
3. 각 단계별 시작 시점 정하기
4. 각 단계 수행으로 얻게 될 결과 정리하기

브래드는 다섯 시간 동안 고심하며 계획을 수립했다. 우선 처음 세 칸을 채우고 마지막 결과 부분은 비워두었다. 일상적인 업무를 해내면서 업무 지침서 작업을 해야 하기 때문에 총 15일 정도가 필요할 것으로 추산했다. 그리고 자신의 인지 행동 교정 계획을 15부 인쇄했다. 마지막 결과 칸은 매일 하루 업무를 마감하면서 채우기로 했다. 이렇게 함으로써 집중 상태를 유지하고 자신이 성취한 것을 상기할 수 있었다.

브래드는 이제 업무 시간 중에 온라인 트럼프 놀이를 하지 않게 되었다. 자동화된 미루기 과정에 몇 가지 측정 가능한 변화를 도입함으로써 미루기 사고방식이나 미루기 반응이 변화했다. 그 과정 변화의 부산물로 결과가 바뀌었던 것이다.

|브래드의 인지 행동 교정 계획|

미루기 과정	변화 단계	시작 시간	결과
직원 업무 지침의 바탕 자료가 정리되지 않은 채 흩어져 있음	영역별로 자료를 정리해 컴퓨터 파일이나 종이 파일에 분류하기	지금 당장 시작하고, 분류와 정리가 끝날 때까지 퇴근하지 않기로 함	흩어져 있던 자료들이 분류되어 파일 박스에 정리됨

업무 지침을 더 효과적으로 만들기 위해 구입한 참고 서적이 한번 들춰보지도 않은 채로 놓여 있음	업무 지침 집필이 1차적으로 끝난 후에 책을 참고하면서 편집하기로 결정함	당장 옆으로 치워두기	책들이 치워짐
업무 지침을 써야 한다고 생각하면 마음이 불편함	• 새로운 프로젝트에는 불확실성이 있고 시간적 압박까지 존재하는 상황이므로, 불편한 감정은 당연한 것이라 생각하기 • 모은 자료를 정리하거나 책 읽기 시점을 정하지 않고 미뤄두는 것은 '내일 하면 돼'라는 미루기 사고방식에 해당한다는 것을 깨닫기 • 감정이 어떻든 일을 시작하도록 스스로를 압박하기	• 회피 충동이 나타날 때면 즉각 '불편함은 퇴각의 거짓 신호'라고 외치기 • '좀 더 연구를 한 다음에 시작해야 해'와 같은 미루기 사고방식에 즉각적으로 대항하기 • 연구 핑계 대지 않고 당장 자판을 두드리며 써 내려가기	• 무작정 회피하던 것에서 벗어나 주어진 시간의 75퍼센트 이상을 생산적으로 활용하는 것으로 개선됨 • 쓸데없는 생각, 회의 소집, 온라인 게임에 빠지지 않고 작업의 긴장을 유지함
회의 주최하기, 혹은 동기부여 강연가에게 이메일 보내기 같은 상대적으로 가치 없는 일을 하게 됨	• 회피 행동을 목록화하고 그 행동들의 목적을 확인하기 • 업무 지침 작성 과업에 집중하기로 결심하기 • 몇 시간 일한 후에는 10분 휴식하기	• 회피 행동을 인식하자마자 실행하기 • 회피 충동을 작업에 다시 집중할 기회로 삼기 • 규칙적으로 휴식시간을 확보해 다른 사소한 일 처리하기	완수

인터넷 트럼프 게임을 자꾸만 하게 됨	근무 시간 중 카드 게임을 5분 할 때마다 십만 원짜리 수표 한 장씩 태우기로 함	• 24시간 안에 시작하기 • 십만 원짜리 수표 열 장과 성냥 준비하기	게임에서 멀어짐
나중에 준비되면 하겠다고 생각함	• 나중에 준비가 될 것이라는 터무니없는 생각 버리기 • 어째서 나중이 더 좋을지 의문 제기하기 • 지금 아닌 나중에 준비하려면 어떤 대가를 치러야 하는지 자신에게 묻기	'나중에'라는 생각이 들자마자 그 생각을 점검하기	나중에 하는 것이 좋다는 생각을 할 때 바로 자신에게 이유를 물었지만 제대로 대답이 나오지 않음
긴장을 견뎌낼 수 없다고 생각함	• 불편함을 견딜 수 없다는 생각에 대해 생각하기 • 불편함을 받아들이고 공존할 수밖에 없다고 인정하기	긴장을 견딜 수 없다는 생각이 떠오르자마자 그 생각을 점검하고 질문 던지기	• 이성적 답변이 나오지 않음 • 여전히 미루기 충동이 들지만 억지로 시작함 • 시작하고 나니 계속하기는 어렵지 않음
결과물이 제대로 안 될 것이라 예상하며 불안해함	달리 가능한 결과는 무엇일까 같은 질문을 던지며 일정대로 진행하기	불안한 감정을 점검하고 빨리 반응하기	통제감을 느끼고 덜 걱정하게 됨
대단히 멋지게 해내는 모습을 공상함	공상을 떨쳐내고 현재 하는 일에 집중하기	일정표를 지키기	공상이 줄어들고 더 많은 성과를 얻어냄
데드라인을 연장하기 위한 핑곗거리를 생각함	• 핑계 거부하기 • 피할 수 없는 상황에서만 데드라인 연장하기	핑계 댈 상황이 빚어지자마자 처리하기	우려한 상황이 발생하지 않음

어떻게 학습 혐오 사이클을 끊을 것인가

학습은 교육 기관에서 행하는 것이다. 성인이 되고 나면 정규 교육의 기회는 줄어들지만, 그렇다고 해서 기술이나 전문적 능력을 연마하는 것이 중요하지 않다는 의미는 아니다. 아니, 오히려 지금은 과거 어느 때보다도 자율적 학습이 중요한 시대가 되었다. 그러므로 미루는 습관이 학습을 방해하고 있다면 어떻게 그런 일이 발생하는지 파악하고 교정할 필요가 있다.

학습은 복합적 과정이다. 학습자가 다양한 학습 환경에서 자신을 통제하며 결과를 만들어가게 된다. 당신의 미루기 극복 프로젝트에서 학습이 최우선 순위라면, 지금부터 자기조절학습을 어떻게 해나가야 할지에 대해 주의를 기울여보자.

자기조절학습Self-Regulated Learning은 학습에 대한 조직화된 접근법이다. 우선 학습의 필요성과 구체적인 목표를 세운다. 그리고 자기 생각에 대해 생각한다(메타인지적 접근). 다음은 어떻게 목표를 달성할지 계획을 세우고 실행하여 결과를 평가한 후 새로운 지식으로 받아들인다. 이러한 학습 과정에 대한 연구들은 그 효과를 인정받고 있다. 자기조절학습은 더 높은 수준의 더 복잡한 목표를 달성하는 데에도 효과적이다. 교정적 피드백corrective feedback(학습 과정에서 학습자에게 오답의 원인을 알려주고 정답에 이르도록 돕는 것—편집자 주)은 이 유기적 학습 과정을 한층 강화시킨다.

자기조절학습을 시작하면 자기가 학습하는 방식에 책임을 지게 된다. 목표를 선택하는 것도, 학습 내용이나 시간, 노력 여부를 결정하는 것도 자기 자신이다. 원격 강의, 매뉴얼 습득, 세미나 참석, 실험, 관찰 등 학습 방법도 스스로 정하게 된다. 자기조절학습은 더 높은 성취를 얻는 것으로 검증된 방법이다.

학습을 피하는 이유

행동주의 심리학자 스키너Burrhus F. Skinner는 주의력 산만, 공상, 무단결석 등의 회피 행동이 학습에 대한 혐오에서 나오는 반응이라 보았다. 학생들이 학습을 피하고 도망 다니는 것이 공포, 불안, 분노의 감정 때문이라는 것이다.

우리는 모두 오랜 사회화 학습 과정을 거쳐왔다. 질서가 잡힌 사회에는 이러한 사회화 과정이 꼭 필요하다. 하지만 이 학습 과정은 폐해도 낳는다. 비난 회피 미루기도 그중 하나이다.

어린 아이의 입장에서 생각해보자. 날카로운 감정이 담긴 훈육의 말, "안 돼!"가 반복적으로 들려온다. 아이가 하고 싶은 행동이 금지된다. "그건 나빠!"라는 판단의 말도 들린다. 이런 부정적인 말들이 내재화된 어린 시절의 경험이 과연 학습 의지에 영향을 미치게 될까? 아이의 인식, 아이가 학습과 연결시키는 상황에 따라서는 그럴 수도 있다.

- "하지 마", "이건 당연히 알아야지", "어쩜 그렇게 멍청하니?", "전에 말하지 않았니?", "정말 버릇이 나쁘구나"와 같은 판단의 말들은 비난으로 들릴 수 있다. 이런 판단의 말들이 계속되면 학습 상황에서의 행동에 영향을 미친다. 학습 상황을 비난과 연결시키는 학습자는 회피 행동을 해결책으로 삼게 된다.
- 어린 아이의 학습 경험에는 "이렇게 해야 해" 혹은 "저렇게 해야 해"라는 강압적인 말이 자주 등장한다. 강압적 지시는 순종적 행동을 낳는다. 하지만 아이의 인식이나 상황에 따라서는 그런 강압이 지식의 생산을 회피하는 역기능을 하기도 한다.
- "나쁜 거야", "그렇게 하면 안 돼"와 같은 판단의 말은 불필요한 걱정과 소극적 태도를 야기할 수 있다.
- "어째서 이렇게 하지 않은 거니?"와 같은 질문을 자주 받아보았는가? 상대를 주눅 들게 하고 통제하기 위한 질문이다.

자기를 겁주고 통제하려는 사람이 평가를 담당하는 상황에서는 학습에 확신을 갖기 어렵다.

- 직접적인 언어 공격 없이도 학습 혐오감이 생길 수 있다. 친구들은 칭찬과 상을 받는데 자기는 구경만 해야 한다면 "어째서 이렇게 하지 않은 거니?"와 같은 질문을 받은 것이나 다름없다. 여기서 생겨난 부정적 시각이 학습 동기를 저하시킨다.

부정적인 학습 경험과 기억은 학습 미루기를 촉발한다. 이때 선택의 길이 열린다. 학습 혐오라는 사이클을 끊어버릴 것인가, 아니면 학습 혐오의 경로를 계속 갈 것인가?

자기조절학습이 유용하다

강압적 비판 때문에 물러서는 행동이 자동화되었다면 이는 자신을 스스로 한계에 가두는 것이다. 이럴 때 자기규제를 위하여 다음과 같은 질문에 답해보는 연습이 필요하다.

- 충분히 배울 수 있는 것인데도 학습을 회피하게 될 때 스스로에게 어떤 변명의 말을 하는가?
- 도전적인 학습을 기꺼이 시작하는 예외적인 경우는 무엇인가?

- 그 예외적인 경우에는 스스로에게 어떤 말을 하는가?
- 충분한 시간을 들이면 학습이 가능한 상황에서 그 시간을 투자하지 못하게 하는 것은 무엇인가?
- 학습에서의 자기효율성을 어떻게 계발하는가?

학습을 위해서는 학습 조건의 통제도 중요하다. 자신이 스스로 통제하고 있다고 생각한다면 학습 혐오가 줄어들 수 있다. 자신이 핵심 조건을 통제하도록 해주는 몇 가지 행동들은 어떤 것이 있을까? 이 기법은 미루는 습관에도 적용할 수 있다. 시급하고 중요한 일을 먼저 하도록 하는 체계를 구축하는 데 유용하기 때문이다.

- **긍정적 연관 짓기**

  좋아하는 무언가와 학습을 연결시켜라. 학습하는 동안 고전음악을 틀어놓을 수도 있다. 촛불을 켜놓고 목욕하기를 즐긴다면 그렇게 목욕하는 동안 학습 테이프를 들어도 좋다.
- **프리맥 원리Premack Principle 이용하기**

  하기 싫은 행동을 좋아하는 행동과 함께 하게 하라. 예를 들어 30분 동안 공부를 한 후에는 자기가 좋아하는 활동을 하는 것이다. 스포츠 경기 결과를 보여주는 5분짜리 인터넷 동영상을 볼 수도 있다. 그 밖에 기지개 켜기, 5분 동안 뛰어다니기, 강아지와 놀아주기, 친구에게 전화하기 등 미루기 쉬운 학습을 하게 하는 보상책은 다양하다.

- **내적으로 보상하기**

  "정말 잘했어!", "대단해!"와 같은 말로 자신의 학습에 대해 칭찬할 수 있다.

- **계약서 쓰기**

  자기 자신과 계약서를 작성하는 것이다. 장기간의 목표 추구 과정에서 단기 목표가 달성되면 좋아하는 식당에서 근사하게 한 끼 먹기 등 원하는 보상을 약속한다. 반면 일을 미루게 되면 계획했던 외식을 포기하는 벌을 받는다. 어쩌면 시작한 일을 끝냈다는 것 자체가 보상일 수 있다. 벌을 받지 않는다는 것 또한 보상이 된다. 자신과의 계약서에서 문제는 일을 미뤘을 경우 제대로 벌을 받게 되는가 하는 점이다.

END PROCRASTINATION NOW!

미루기 노출 훈련

노출 훈련은 두려움을 극복하기 위한 방법론으로 주로 사용된다. 미루기 충동은 두뇌의 불안 및 두려움과 같은 맥락에 놓여 있을 가능성이 높다. 미루기, 불안, 두려움 모두가 회피와 거부 행동을 특징으로 하기 때문이다.

미루기 노출 훈련은 다음과 같이 진행된다.

- 불편 회피 충동을 회피 행동으로 연결하지 않고 참아내겠다고 결심하기
- 미뤄온 행동을 제때 해내기
- 원하는 결과를 얻기 위해 긴장을 감내한다는 생각을 하면서 학습 과업에 접근하기
- 평소 미루던 과업의 긴장에 자신을 노출시키기
- 긴장의 즉각적 해소가 필요하지 않다는 점을 스스로 확인하기

- 긴장감을 느끼고, 그 긴장을 자신이 감내할 수 있음을 확인하기
- 상위의 정신 능력이 행동을 이끌도록 하기

미루기 노출 훈련은 한번 하고 끝나는 것이 아니다. 성과를 보려면 다양한 맥락에서 다양한 형태와 수준의 미루기에 적용해보아야 한다. 그러다 보면 과업 긴장이라는 것은 그 과업이 끝까지 마쳐야 하는 의미 있는 것임을 알려주는 신호로 인식되는 단계까지 이른다. 업무 수행과 연결된 긴장을 참아낼 수 있다면 생산적이고 질 높은 삶으로 가기 위한 가장 큰 장애물을 뛰어넘은 셈이다.

싫은 일을 하는 고통?

심리학자 존 구디John Goudy는 싫은 일을 하는 것이 학습의 일부라고 하였다. 좋든 싫든 이성적인 행동을 습관화하는 것이 얼마나 중요한지 학습해야 한다고 강조하기도 했다.

더 큰 보상과 더 적은 장기적 불편을 지향한다면 눈앞의 과업을 해내야 한다. 물론 과업 수행의 과정은 고통스럽다. 그것이 행복이나 성취를 보장하지도 않는다. 다만 의미와 가치 있는 성취의 가능성을 높이는 것은 확실하다.

구조화된 계획하에서 생산적 방향으로 가는 동력을 유지한다면

회피 충동은 충분히 극복 가능하다. 접근법 자체는 극히 단순하지만 실제 과정은 그리 쉽지 않다. 그럼에도 회피 행동을 자기 규제 행동으로 전환하고 '당장 해치우기'의 경로를 택할 수만 있다면 단기적 · 장기적 불편은 훨씬 줄어들 것이다.

변화는 어떻게 시작되는가

지금까지의 논의는 주로 심리적 전략에 대한 것이었다. 미루는 습관을 극복해 거기서 얻어진 시간으로 성취감을 높이기 위한 심리적 접근법 말이다. 지금부터는 여기에 경영 전략을 접목하여 미루기 문제 해결 및 재발 방지를 위한 노력을 어떻게 관리할 것인지에 대하여 다뤄볼 것이다.

다음에 나올 5단계 자기규제 접근법 사용의 핵심은 미루기 사고방식과 회피 행동을 막을 수 있는 생산적인 기회를 포착할 수 있다는 데 있다. 이것이 미루는 행동을 예방하고 생산 결과의 질을 높이기 위한 기본적 경영 방법론이 접목되는 지점이다. 5단계는 1) 미루기 상황 분석하기, 2) 방향 설정하기, 3) 행동 계획 수립하기, 4) 계획 실행하기, 5) 결과 평가하기로 이루어진다.

문제 분석이 먼저다

분석은 대상을 작은 부분들로 쪼개는 것이다. 문제 분석은 미루기를 예방하는 것의 논리적 시작점이다. 분석에서 얻어진 정보는 다음 단계로 흘러가 미루기라는 장애물을 깨뜨리기 위한 행동으로 이어지게 된다.

어디서, 언제, 왜, 무엇을, 어떻게라는 질문에 답을 하다 보면 분석적 시각에서 미루기 과정을 바라볼 수 있다. 지금 시작해보자.

- 어디서 주로 미루기 행동이 나타나는가? 유지 보수 활동인가? 갈등 관계인가? 최신 정보 수집인가? 문서 작성 작업인가?
- 언제 주로 미루기 행동을 하는가? 압박감을 느낄 때인가? 점심 식사 후인가? 복잡한 도전에 당면한 순간인가?
- 이제 '왜'를 분석할 차례이다. 남들과 달리 복잡한 상황에서 당신이 일을 미루는 이유는 무엇인가? 데드라인이 코앞에 닥쳐야 일을 서둘러 끝내게 되는 이유는 무엇인가? 내일 하겠다는 거짓 맹세를 반복하는 이유는? 왜 자꾸 핑계를 대며 미루는가?
- 어떤 조건이 미루는 행동을 촉발하는가? 어떤 회피 행동을 주로 하는가? 회피 행동 다음에는 무엇을 하는가? 그다음에는? 일을 평균 어느 정도의 기간 동안 미루는가? 이 질문들을 통해 새롭게 알게 된 사실은 무엇인가?

- '어떻게'라는 질문은 성과의 달성에 초점을 맞춘다. 우선순위 업무를 더 이상 미루지 않음으로써 얻은 노하우를 지식으로 전환하는 지점이기도 하다. 미루고 싶다는 마음을 어떻게 극복하는가? 감정적으로 어떻게 대처하는가? 어떻게 다른 행동을 할 수 있었는가?

이제 '그러고 나면?'이라는 질문을 추가함으로써 분석을 확장해보자. 다음 상황에 '그러고 나면?' 질문을 적용해보라.

극복 대상: 업무에 필요한 새로운 워드프로세싱 프로그램 학습을 미루고 있다.
이유: 프로그램 학습이 너무 어려워 제대로 해내지 못할 것 같다.

- '그러고 나면?' 불편하고 불안한 느낌이 든다.
- '그러고 나면?' 다른 일을 하고 싶어진다.
- '그러고 나면?' 가능한 한 빨리 프로그램을 배우겠다고 맹세한다.
- '그러고 나면?' 다른 업무로 바쁘다.
- '그러고 나면?' 프로그램을 배워야 한다는 생각을 계속하면서 스트레스를 받는다.
- '그러고 나면?' 계속 다른 할 일들이 나타난다.
- '그러고 나면?' 최후의 순간까지 버틴 셈이 된다.

- ‘그러고 나면?’ 답답한 마음이 되고 어디에도 집중할 수 없다.
- ‘그러고 나면?’ 다음번에는 새로운 프로그램을 일찍 학습해야겠다고 다짐한다.

‘그러고 나면?’ 질문과 그에 대한 답변을 연속하다 보면 일을 미룰 때 당신이 어떤 생각과 행동을 하는지 드러난다. 이는 미루기 극복 전략에 참고해야 할 구체적 정보가 된다.

현실적인 목표를 세워라

5단계 자기규제 접근법은 자기 인식과 문제 해결 인식을 기본으로 하여 일련의 단계를 거치는 것이다. 방향 설정 단계는 먼저 목적을 분명히 하고 그 목적을 뒷받침하는 목표를 구체화하는 것에서 출발한다.

미루기를 극복하겠다는 목적은 자신에게 부여하는 특별한 임무이다. 때로 목적은 모든 것을 포괄할 정도로 광범위하게 설정되기도 한다.

- 끝까지 해내 좋은 성과를 거둠으로써 자기효능감을 확보하고 이를 통해 미루기 경로를 아예 막아버린다.
- 성취 목표 달성을 위한 생산적 활동의 의미를 강조함으로써 미루기 충동을 무력화시킨다.
- 중요한 일을 꾸준히 밀고 나감으로써 내 인생에 책임을 진다.

미루기를 극복하겠다는 목적은 훨씬 더 구체적으로 만들어질 수 있다. 대개 중요한 일을 성취하기 위해 무엇을 하겠다는 내용이다. 일반적으로는 구체화된 목적을 세우기를 권한다. 하지만 내가 워크숍에서 만난 이들 중에는 광범위한 목적을 세우고도 훌륭히 소화해낸 경우가 적지 않았다. 사람마다 자신에게 맞는 방식이 있는 법이다.

목표를 설정하는 기준

목적goal과 목표mission의 차이는 무엇인가? 10킬로그램을 감량하겠다는 것은 목표이지만 평생 균형잡힌 식사로 건강을 개선하겠다는 것은 목적이다. 시험 합격은 목표이고 지혜를 얻기 위한 학습은 목적이다. 과업 완수는 목표이고 효율성을 높여 생산적 결과를 얻겠다는 것은 목적이다.

1859년 미 상원의원 칼 슈르츠Carl Schurz는 이상적인 목표에 대해 다음과 같이 말했다. "이상은 별과 같습니다. 손으로 만질 수 없는 거죠. 하지만 사막에서 별이 그렇듯 우리에게도 이상은 이정표가 됩니다. 따라가다 보면 운명에 도달하는 것입니다."

목표는 달성하고자 하는 바이다. 목표를 설정하고 실행하는 것은 노력할 방향을 잡는 가장 믿을 만한 방법 중 하나이다. 구체적인 목표는 뜬구름 잡는 말, 예를 들어 행복하게 살겠다거나 인류를 기아에서 구원하겠다는 것보다 훨씬 생산적이다. 목표는 유의미하고 측정 가능하며 달성 가능해야 한다. 목표를 설정하는 기준은 다음과 같다.

- 목적에 맞는 목표를 세워라. 원하는 바를 실현하기 위한 목표는 한층 열정적으로 달성하게 된다.
- 현실적인 목표를 세워라. 지금 현재 상태에서 혹은 능력을 조금만 더 발전시키면 도달할 수 있는 것이어야 한다(영원히 손에 닿지 않을 것 같은 목표에는 동기를 부여하기 어렵다).
- 숙달 목표는 관심 영역에서 일정 수준에 도달하고 싶다는 목표이다. 새로운 도전에 숙달됨으로써 개인 역량이 강화된다.
- 숙달 목표와 함께 수행 목표도 사용하라. 이는 가령 더 효율적인 향수병 뚜껑의 설계 및 제작처럼 좀 더 한정되고 측정 가능한 목표이다. 여기서 얻은 성과는 당신의 노력을 측정할 수 있게 하는 결과가 된다. 일주일 동안 전화영업을 추가로 10건 하겠다는 것도 수행 목표의 예가 될 수 있다. 이러한 수행 목표는 대개 더 높은 수준의 수행으로 이어진다.

숙달 목표와 수행 목표를 함께 설정하면 미루는 습관이 줄어든다. 역동적 조직에서는 다수의 목표가 서로 경쟁하게 된다. 시간 관리를 중시하는 이들은 시급하고 중요한 일부터 해야 한다고 한다. 이성적인 조언이지만 이것이 늘 현실적이지는 않다. 과장이

쉬였을지도 모른다. 물론 그 시급하고 중요한 목표가 미뤄지고 미뤄진 끝에 더 이상 미룰 수 없는 것일 수도 있다. 그렇다면 자원을 재배치하여 시급한 일부터 끝내야 한다.

역동성이 떨어지는 세상에서는 다음에 벌어질 일을 예측하며 살 수 있었다. 제일 먼저 해야 할 일, 두 번째로 해야 할 일, 마지막으로 해야 할 일을 알 수 있었다. 그리하여 그 순서에 따라 시간과 자원을 배분하면 되었다. 하지만 오늘날 우리는 순차적 행동이 목표로 이어지는 예측 가능한 세상에 살고 있지 않다.

역동적 세상에서는 상부의 지시에 따라 목표의 순서를 뒤집어야 하는 경우도 발생한다. 하지만 미루는 행동을 줄이고 생산성을 높이는 것이 목적인 한, 우선순위 변경은 그리 큰 일이 아니다. 성취 가능한 목표들을 통해 목적을 추구한다는 본래의 가치가 살아 있으니 말이다.

'한 번에 하나씩' 접근법

목표를 다시 더욱 구체적이고 측정 가능한 행동 목표로 나누면 목적 달성의 확률이 높아진다. 더 작은 과업일수록 데드라인이 짧고 보상도 자주 얻기 때문이다. 행동 목표들은 완수될 가능성이 높으며 일련의 행동을 구성한다. 또 한 단계가 끝나면 다음 단계의 바탕이 마련된다.

예를 들어 당신이 청중 앞에 나서서 연설하는 것이 두려워 연설을 미루게 되었다고 하자. 목표는 이 두려움을 극복하는 것이다. 이 목표는 다음 다섯 가지 행동 목표로 다시 나눌 수 있다.

- '난 견딜 수 없어'라고 말하는 무력하고 불안해하는 마음을 인식한다. 그리고 그 단정적 사고에 도전할 예외의 가능성을 찾는다.
- 청중 앞에서 말하는 것에 대한 교육 프로그램을 이수한다.
- 청중 앞에 나서 발표하기에 적합한 주제를 연구한다.
- 연습하면서 그 장면을 녹화해 주의를 산만하게 하는 모든 방해 요소를 제거한다.
- 청중 앞에서 당당하게 발표한다.

각 행동 목표의 성과는 측정 가능하다. 자, 이제 여기서 미루기 행동이 끼어들게 하지 않으려면 어떻게 해야 할까?

여러 가지 미루는 행동 중에서도 개인적으로 중요하게 여기는 영역을 하나 골라 그 영역에서의 미루기 극복에 노력을 집중하면 더 큰 효과를 거둘 수 있다. 미루는 습관이 심각했던 사람들이 특히 이 방법으로 효과를 보았다.

최근에 나는 대학원생들을 대상으로 한 상담에서도 이 '한 번에 하나씩' 접근법을 사용한 바 있다. 요컨대 이런 것이다. 미루는 습관이 심각했던 사람들, 그리고 대학원생들은 지금껏 미뤄왔던 중요한 자기계발 프로젝트 중에서 해당 기간이 끝나기 전에 완료할 수 있는 것 하나를 선택했다. 그리고 매주 진행 상황을 보고했다.

이들이 선택한 과업은 실적 보고서 완성하기, 새로운 직장 찾기, 발표 공포증 극복하기, 더 조직적으로 살기, 데드라인 전에 과제 끝내기, 술 끊기, 운동하기, 체중 감량하기, 쇼핑을 줄이고 저축하기, 논문 완성하기, 모욕적인 관계 끝내기, 미루는 행동을 극복하려는 노력을 미루지 않기 등등 무척 다양했다. 그리고 관찰 결과 90퍼센트 이상이 행동 목표를 달성했다. 행동 목표가 쉬웠기 때문일까? 그렇지 않다. 참여자들은 어떻게 하면 개인적으로 중요한 변화를 이룰 수 있는지를 좀 더 깊이 이해하게 되었다고 말했다. 아마 그 이해심을 바탕으로 주변 사람들의 변화도 도와줄 수 있을 것이다.

어째서 여러 가지 자기계발 도전들 중에 하나만 골라 집중하라는 것일까? 자신을 바꾸는 변화를 시작하고 지속하려면 시간과 노력이 필요하다. 변화는 과정이다. 살아 있는 인간은 익숙한 방식을 조정하려는 변화에 저항하거나 두려움을 느끼는 존재이다. 심리적 원칙을 자기계발 도전에 적용하고 그 자기계발 경험을 다시 심리적 도전에 적용하며 발전을 이루려면 시간, 자원, 노력이 필요하게 마련이다.

과거의 습관을 고려하라

매년 12월 31일 저녁이 되면 사람들은 시계를 주시한다. 마침내 자정이 오면 새로운 한 해가 시작된다.

새해는 지난해와는 다를 것이라고들 생각한다. 체육관에 나가 운동하겠다고, 직장에서 심기일전하여 우수 직원상을 받아보겠다고, 오랫동안 방치해온 집 곳곳을 손보겠다고 다짐한다. 그리하여 새해맞이 할 일 목록을 길게 만든다. 하지만 대부분의 경우 그 목록은 금세 구석에 처박히고 만다.

그렇게 맞이한 365일이 다시 지나간다. 또다시 새해가 온다. 변한 것은 별로 없다. 자신의 영업 실적은 크게 나쁘지 않다. 한 해 전과 비슷하다. 올해도 역시 다른 사람이 최고 실적으로 트로피를 받는 장면을 보며 박수를 쳐준다. 체육관에 등록했지만, 며칠 가지 못 한다.

불확실성 수용의 원칙

당신이 새해를 맞아 다짐한 몇 가지 계획에는 어떤 공통점이 있을까? 일단 자신이 자유롭게 선택한 것이다. 다짐은 실현할 만한 가치가 있는 것들이다. 그렇지 않다면 굳이 목표로 세우지 않았을 테니까. 문제는 목표는 세우되 계획이 모호한 것이다. 어떻게 성취할 것인지가 뒤따르지 않는 결심은 결국 미뤄질 공산이 크다.

목표가 이루어진다는 것은 생각만 해도 즐겁다. 무대공포증을 날려버리면 얼마나 좋을까? 살을 빼고 더 조직적으로 살게 되면 인생이 더 즐거울 것이다. 하지만 선택과 실행이 다름 아닌 자신에게 달려 있는 탓에 느슨해지기 쉬운 것도 사실이다. 핑곗거리도 많다. 어차피 다짐을 미루는 사람은 주변에 널려 있지 않나? 이런 식으로 미루기가 정당화되면 다짐은 결코 실현될 수 없다.

당신의 새해 다짐이 여전히 다짐으로만 남아 있다면 다음과 같은 점들이 문제일 것이다.

- 노력 부족
- 기존 방식을 새 방식으로 대체하는 일을 너무 쉽게 생각함
- 계획 부재 혹은 부적절한 계획
- 미루기 극복 전략 부재
- 미루기 극복 계획 부재

미루는 행동을 하고 있는 당신에게는 미루기를 극복하기 위한 생산적 계획이 이미 마련되어 있는지도 모른다. 그러나 너무 일반적인 계획은 효과가 없다. 특정 형태의 미루는 습관을 극복하려면 그 형태의 인지적 · 감정적 · 행동적 측면을 맞춤 공략하는 조직화된 계획을 수립해야 한다.

상황이 급격히 바뀌었는데도 이전 계획에 매달리는 사람들이 많다. 이것은 절벽으로 내달리는 모습과 별다를 것이 없다. 언제나 준비는 중요하다. 예상치 못한 일이 발생하면 재빨리 적응하는 것 또한 중요하다. 이는 '불확실성 수용의 원칙'이라고 부를 수 있을 것이다.

다른 이유가 없다면 이런 불확실한 상황, 예측하지 못했던 사건에 당면했을 때 자신의 창의성을 믿는 편이 좋다. 타조처럼 머리만 모래 속에 처박는 것은 대안이 되지 못한다. 머리를 감춰봤자 상황은 정리되지 않을 테니 말이다.

미루기 행동 유형은 예측 가능하고, 따라서 극복 방식이 반복적으로 적용될 가능성도 높다. 이제 경쟁력 있고 생산적인 과정을 도입해 미루기를 극복할 계획을 수립해보자.

습관을 바꿔줄 시나리오들

'이렇게 되면 어쩌지'라는 걱정은 쓸데없는 불안을 낳는다. '실패하면 어쩌지?' 혹은 '사람들이 날 거부하면 어쩌지?'라며 불안해하는 것이다. 이런 식의 시나리오 사고는 자신을 취약한 존재로, 상황을 통제 불가능한 것으로 바라보게 하여 미루는 행동을 야기한다. 이와 달리 대안적 상황을 준비하게 하고 결과를 비교해 최선의 것을 선택하도록 해주는 생산적인 시나리오들도 있다. 이런 생산적 시나리오의 도움을 받아 문제 해결에 집중하면 건설적이고 지속 가능한 변화를 이루게 된다. 시나리오를 통한 문제 해결은 계획 수립의 기본 틀을 제공하는 역할을 한다.

예를 들어 당신이 팬벨트, 점화 플러그와 케이블 등 자동차 교환 부품을 판매하는 웹사이트를 제작해 사업을 시작할 계획이라고 하자. 당신은 웹사이트를 어떻게 만들고 유지할지, 부품 생산업자와 어떻게 납품 계약을 맺을지, 물품 발송은 어떻게 할지, 인터넷 신용카드 결제는 어떻게 처리할지 등 모르는 것들을 배워야 한다.

첫 번째 시나리오를 보자. 시장 조사를 포함해 필요한 정보를 모으고 자금 계획도 세웠다. 조사 결과 위험도가 낮고 수익은 평균 이상이라는 결론이다. 여기서 미루기라는 요소를 시나리오에 포함시킨다. 미루는 행동이 평소 심각한 수준이기 때문이다. 그리하여 시나리오를 확대해 미루는 습관 극복 방안도 포함시키기로 한다.

당신의 미루는 행동은 사전 준비 단계를 거친 후 발동하곤 한다. 연구와 계획 단계에서는 보통 열성적이다. 성공 가능성이 높다는 생각에 흥분한다. 하지만 인터넷과 전화 문의, 고객 불만 처리를 생각하면 마음이 불편하다. 고객에게 어떻게 대답해야 할지,

무엇이 제품 하자이고, 무엇이 고객 문제인지 어떻게 구분할지 막막하다.

이전에도 프로젝트를 시작했다가 실행 단계에서 미뤄버린 일들이 많다. 막상 실행한다고 생각하면 감정적으로 거부감부터 드는 것이다. 과거의 경험을 돌이켜보며 당신은 그 행동적 미루기를 극복하기 어렵겠다고 판단한다.

실행 단계에서 미루는 행동이 나타날 것이라면 즐겁게 해낼 수 있는 사전 조사와 계획 단계만 마치고 중단하는 편이 시간과 자원을 절약하는 길이다. 이러한 '계획 수립 후 중단' 시나리오에서 사전 조사와 계획 수립에 들어간 노력은 다른 생산적 노력에 적용할 수 있을 것이다.

두 번째 시나리오에서 당신은 행동적 미루기 단계를 극복할 전략을 수립한다. 사업 시작을 대대적으로 발표하고 개업 축하 파티도 열어 친구, 가족, 친척들을 초대한다. 과거 경험으로 볼 때 이렇게 모두에게 알리고 나면 끝까지 해내는 유형이기 때문이다. 이 방법이 효과를 거둔다면 실행 단계의 불확실성은 해소되는 셈이다.

앞의 두 시나리오를 고려하여 세 번째 시나리오도 만들 수 있다. 주문과 고객 서비스를 담당할 직원을 채용하는 것이다. 예산이 허락한다면 이 역시 충분히 실행해볼 만한 계획이다.

기다리기와 행동하기의 격차를 뛰어넘다

실행은 눈에 보이는 단계이자, 계획에 맞춰 실제로 하는 행동을 가리킨다. 일단 실행을 시작하면 계획 중에서 어떤 부분이 효과적인지, 어떤 부분은 아닌지, 어떤 부분을 상황에 맞춰 수정해야 하는지가 드러난다. 그리고 실행의 결과로 목표가 달성된다.

실행에는 동기부여가 필요하다. 동기란 언제 어디서 오는 것일까? 목표를 세우고 달성하려 애쓰는 과정에서 만들어지는 것일까? 이러한 성취 동기는 돌을 깎아 날카롭게 다듬는 것이나 곡식을 거둬 저장하는 것과 어떻게 다를까?

대체로 영감靈感이 갑자기 나타나주기를 기다리는 데서 미루기의 덫이 입을 벌리는 편이다. 시작하지 못하고 미적대며 미루다가 결국 데드라인이 임박해서야 허둥지둥 서두른다. 당장 시작 시점을 잡고 기본적인 단계부터 밟기 시작하면 동기가 부여된다. 그러나 별다른 동기부여가 없어도 끝까지 꿋꿋하게 단계를 밟아나가다 보면 목표에 도달할 수 있다.

오래된 적과 맞서는 일

중요하다고 생각하는 것을 끝까지 해나가는 것, 그리고 미루기라는 오래된 적과 맞서는 것은 동시에 진행되는 두 가지 도전이다. 이런 상황에서는 '당장 해치우기' 전략을 무조건 거부하기 쉽다. 그러나 이 불편함에 자발적으로 맞설 수 있어야 비로소 감정적 저항을 이겨내고 장기적 목표를 끝까지 달성해낼 수 있다. 계획 수립 단계에서부터 불편함을 예상하고 받아들이는 것은 자기효율성을 높이는 과정의 시작이다. 이는 포유류의 두뇌, 즉 우리 내면의 충동을 상징하는 말馬을 훈련시키는 방법도 된다.

기다리기와 행동하기의 격차를 어떻게 뛰어넘을 수 있을까? 생산적인 과업을 시작할 때 거부하고 싶은 마음이 든다면 자신의 강점과 약점, 한계와 기회의 분석 결과, 그리고 직무 능력 목록을 살펴보라. 감정적 저항을 해결할 수 있는 수단이 있는가? 유연성, 혁신성, 자원을 충분히 갖추고 있는가? 양심, 상식, 현명한 조언을 얻어내는 능력에 의지하는 건 어떨까? 자신이 가진 능력과 자원을 통해 미루기 사고방식과 감정적 거부를 물리치다 보면 어느새 미루지 않고 많은 성취를 이룬 상태에 도달할 것이다.

미루는 습관을 극복하는 쉽고 빠른 방법은 없다. 의미 있는 개인적 변화를 이루는 여정은 무릎 높이의 늪을 헤치는 것처럼 지루하게 느껴진다. 그럼에도 늪에서 돌아 나오지 않는 한 기회는 있다. 포기하지 않는다면 부지런히 다리를 움직이는 것만으로 예상보다 빨리 늪을 지나갈 수 있다는 점을 발견하게 될 것이다.

Review 피드백을 위한 질문

평가는 다음 목표를 위해 행동할 때 어떤 변화가 얼마나 필요한지 알려주는 피드백이자 가이드이다. 피드백을 위해 필요한 질문은 다음과 같다.

- 시작하고 완수하기까지의 과정에서 책임을 다했는가?
- 목적 규명, 목표 수립, 계획, 실행 과정을 통해 무엇을 성취했는가?
- 향후의 미루기 극복 노력을 위해 배운 점은 무엇인가?
- 이번에 배운 것을 어떻게 적용할 수 있을까?

| 에필로그 |

미루는 습관이 알려주는 나의 진짜 욕망

미루는 습관이 오직 당신 혼자만의 잘못은 아닐 수도 있다. 가령 동료들이 온갖 사내 루머며 뒷공론에만 열중한다면 어떨까? 근무시간 틈틈이 심지어는 사내 전화를 통해서도 그런 이야기를 하느라 시간을 보낸다면? 그리고 그동안 밀린 일을 처리하는 사람이 다름 아닌 당신이라면? 이런 상황이 되면 당신의 의욕은 급격히 떨어질 것이고 혼자 일을 떠맡는 게 불공평하다고 느낄 것이다. 어차피 받는 월급은 종일 노닥거리는 동료들과 다를 바 없지 않은가. 멋진 아이디어가 떠올라도 제안을 하지 않게 된다. 괜히 튈 필요 없기 때문이다. 이렇게 되면 직장에서 발전할 기회도 사라진다.

계속 일을 미루는 것이 어느 직장이든 상관없이 나오는 행동인가? 만약 그렇다면 이 순간 어디서 일을 하고 있든 문제 해결을 시도할 수 있다. 반면 자신과 잘 맞지 않는 직장이기 때문에 일을 미루는 것이라면, 다른 시각으로 미루기를 바라보아야 한다.

무엇이 잘못된 걸까?

새러는 영업에서 탁월한 실적을 거두었고 여러 차례 최고 영업자로서 수상을 거듭했다. 늘 최고가 되고 싶어 하는 성격인 만큼 업무 만족도도 높았다. 이제는 영업 관리자로 승진해도 마땅하다는 판단이 섰을 때 사내 공고가 났고, 새러는 지원하여 합격했다. 하지만 환희는 곧 악몽으로 바뀌었다. 관리자의 일은 새러가 생각했던 것과 전혀 달랐다. 이전에 영업직원으로서 발휘했던 능력도 물론 필요했지만 완전히 낯선 능력 또한 요구되었다.

새러는 영업부 직원들에게 어떻게 실적을 개선할 것인지 조언하는 일, 또 회사의 몇몇 중요 계좌를 개인적으로 관리하는 일을 훌륭하게 해냈다. 하지만 분석 보고서 작성, 목표 설정, 직원 교육 프로그램 설계, 실적 목표 달성을 위한 전체 인력 운용 같은 일은 질색이었다. 여럿이 모여 계획을 수립하는 일에도 새러는 잘 맞지 않았다. 더욱이 경영진은 신임 영업 관리자인 새러에게 여러 가지 새로운 일을 요구했다. 전 영업 관리자는 경영진의 그런 요구를 잘 막아내 영업부 직원들이 영업에만 전념할 수 있도록 했다. 하지만 새러에게는 제조 담당, 마케팅 담당, 회계 담당 관리자들과 싸워 영업부서의 이익을 지켜내는 역할이 버거웠다. 결국 부서원들에게 추가 업무를 부과할 수밖에 없었다.

새러는 야심찬 사람이었다. 그녀는 그때까지 관리자는 높은 지위와 연봉을 상징하는 것으로만 여겼다. 하지만 새로 맡은 자리는 자신이 준비했던 것과는 다른 방식의 역할을 요구하고 있었다. 결국 여기저기서 일이 늦춰지고 미뤄지기 시작했다. 새러는 꼼짝없이 늪에 빠진 꼴이었다. 전과 달리 늘 일을 미룬다는 것은 맞지 않는 일을 한다는 신호였다. 결국 새러는 다시 영업직으로 돌아왔다. 그리고 자신이 결과를 책임질 수 있는 분야에서 다시금 월등한 성과를 내기 시작했다.

다른 사례도 있다. 에드는 주 상원의원의 유능한 비서실장이었다. 학력이나 경력도 모자람이 없었고 기질이나 열성, 일처리 능력도 훌륭했다. 그러나 모시던 상원의원이 재선을 포기하면서 에드는 의원의 추천을 받아 노숙자 쉼터 관리자 일을 맡게 되었다.

처음 노숙자 쉼터 관리 일을 맡았을 때 에드는 지역 정치가들과 쉽게 관계를 맺었다. 그에게는 이미 익숙한 협력적 동료관계였다. 하지만 그것은 그가 해야 할 가장 중요한 역할이 아니었다. 핵심 역할은 조직 내 갈등을 중재하는 것이었다. 에드는 노동조합을 싫어했다. 곧 에드의 인사 정책을 두고 노조와의 갈등이 시작되었다. 에드는 단체 교섭 협약을 자주 어겼고 중재해야 할 사건들은 날로 늘어갔다.

노조와 관계가 나빠지면서 노조원들은 준법 투쟁을 시작했다. 업무 속도가 늦어지면서 여러 차질이 빚어졌다. 하지만 에드는 서비스 품질에 대한 소비자들의 불만을 대수롭지 않게 여겼다. 쉼터 운영 실무를 잘 모르는 탓에 그는 많은 부분을 부하 직원들에게 맡겼다. 안타깝게도 부하직원들은 대부분 정치적 인맥을 통해 들어와 경영 감각이 없는 이들이었다. 몇 차례 언론보도까지 나오면서 에드는 사면초가에 몰렸다.

무엇이 잘못된 걸까? 에드는 자신이 관리해낼 능력이 없는 조직을 맡았고, 거대 노조와 대립했다. 문제 해결 방법을 연구하는 대신 기존 관행만을 옹호했으며, 실무 능력이 부족한 직원들을 교체하지 않았다. 제대로 된 서비스로 소비자 불만을 잠재우려 하지도 않았다. 결국 노숙자 쉼터 운영은 그에게 맞는 일이 아니었다. 맞지 않는 일을 하게 된 것이 미루는 습관의 원인이었다.

당신이 무엇을 원하는지 질문하라

미루는 습관을 극복하려면 바로 자신부터 파악해야 한다는 점을 기억하라. 직장에서든 일상생활에서든 당신의 미루는 습관이 어떤 이유 때문에 생기는 것일지 생각해보라. 그 미루기는 더 큰 문제의 징후에 불과한 것은 아닐까? 당신이 만족하지 못하는 뭔가에 진짜 이유가 있는 것은 아닐까? 지금, 인생에서 당신이 있는 곳은 어디인지, 당신이 바라는 지향점은 어디인지, 그 지향점에 도달하기 위해 필요한 일은 무엇인지 스스로에게 질문하라. 그것은 다른 무엇보다 중요한 일이다.

이제 나의 이야기를 마칠 시간이 되었다. 마지막으로 들려주고 싶은 말은 미루기를 극복하고 싶다면 미루기를 극복하기 위한 노력에 전력을 다해야 한다는 것이다. 거짓 맹세나 근거 없는 희망은 미루기 유형이 반복되도록 만들 뿐이다.

이 책에 소개된 여러 방법들은 미루기를 극복하면서 우리가 보다 효율적인 존재로 거듭나도록 도와줄 것이다. 미루는 습관에서 벗어나려면 노력이 필요하다. 한번 망가진 몸매를 되돌리는 데도 엄청난 노력이 필요하지 않은가. 세상의 모든 일이 그러하다.

소비자의 기억을 잡아라
기억네트워크 관점의 전략적 브랜드 관리
김지헌 지음
280쪽 | 14,500원

크리에이티브 마케터
시장은 찾는 것이 아니라 만드는 것이다
이문규 지음 | 224쪽 | 13,000원

브랜드, 행동경제학을 만나다
소비자의 지갑을 여는 브랜드의 비밀
곽준식 지음 | 336쪽 | 15,000원

영업의 고수는 어떻게 탄생되는가
세일즈 전문가 45인이 털어놓는
최강 영업력의 비밀
마이클 달튼 존슨 지음 | 이상원 옮김
296쪽 | 14,000원

심리학, 미루는 습관을 바꾸다

초판 1쇄 발행 2013년 10월 1일
초판 5쇄 발행 2013년 12월 9일

지은이 윌리엄 너스
옮긴이 이상원
펴낸이 박선경

기획/편집 • 권혜원, 이지혜
마케팅 • 박언경
표지 디자인 • [★]규
본문 디자인 • 김남정
제작 • 디자인원(070-8811-8235)

펴낸곳 • 도서출판 갈매나무
출판등록 • 2006년 7월 27일 제395-2006-000092호
주소 • 경기도 고양시 덕양구 화정동 965번지 한화오벨리스크 2115호
전화 • (031)967-5596
팩시밀리 • (031)967-5597
블로그 • blog.naver.com/kevinmanse
이메일 • kevinmanse@naver.com

ISBN 978-89-93635-41-6/03190
값 13,000원

• 잘못된 책은 구입하신 서점에서 바꾸어드립니다.
• 본서의 반품 기한은 2018년 10월 30일까지입니다.

이 도서의 국립중앙도서관 출판시도서목록(CIP)은 서지정보유통지원시스템 홈페이지(http://seoji.nl.go.kr)와 국가자료공동목록시스템(http://www.nl.go.kr/kolisnet)에서 이용하실 수 있습니다. (CIP제어번호 : CIP2013017900)